北京国家会计学院·中国管理会计实践与创新丛书

管理会计师系列

总编 贺颖奇 张 静

中国管理会计师
胜任能力框架

贺颖奇 著

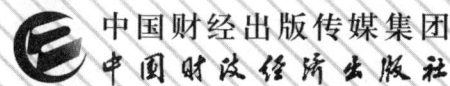

中国财经出版传媒集团
中国财政经济出版社

图书在版编目（CIP）数据

中国管理会计师胜任能力框架/贺颖奇著．――北京：中国财政经济出版社，2020.12

（北京国家会计学院·中国管理会计实践与创新丛书．管理会计师系列）

ISBN 978-7-5095-8697-6

Ⅰ．①中… Ⅱ．①贺… Ⅲ．①管理会计－研究－中国－ Ⅳ．①F234.3

中国版本图书馆CIP数据核字（2018）第275788号

责任编辑：樊清玉　　　　责任校对：胡永立
封面设计：孙俪铭　　　　责任印制：党　辉

中国管理会计师胜任能力框架
ZHONGGUO GUANLI KUAIJISHI SHENGREN NENGLI KUANGJIA

中国财政经济出版社 出版

URL：http：//www.cfeph.cn
E-mail：cfeph@cfemg.cn

（版权所有　翻印必究）

社址：北京市海淀区阜成路甲28号　邮政编码：100142
营销中心电话：010-88191522
天猫网店：中国财政经济出版社旗舰店
网址：https：//zgczjjcbs.tmall.com

北京密兴印刷有限公司印刷　各地新华书店经销
成品尺寸：185mm×260mm　16开　7.75印张　121 000字
2020年12月第1版　2020年12月北京第1次印刷
定价：38.00元
ISBN 978-7-5095-8697-6
（图书出现印装问题，本社负责调换，电话：010-88190548）
本社图书质量投诉电话：010-88190744
打击盗版举报热线：010-88191661　QQ：2242791300

前言

本书根据《会计改革与发展"十二五"规划纲要》的要求，按照财政部颁布的《关于全面推进管理会计体系建设的指导意见》的总体部署，以落实其中"推进管理会计人才队伍建设"的工作要求为目的，以《管理会计基本指引》为统领，以《管理会计应用指引》为具体指导，从管理会计职业化的要求出发，对中国管理会计师（管理会计人才的具体表达形式）的角色、职责以及履行职责所应具备的胜任能力进行研究，从有效达成管理会计实务的绩效目标或结构要求出发，构建由"管理会计职能标准、管理会计师个人特性标准及其知识体系、技能体系和职业道德"为基本要素的中国管理会计师能力框架；并以此为基础提出中国管理会计师水平能力考试认证教育体系和运营管理体系。本书对中国管理会计人才队伍建设和发展具有重大意义：(1) 为我国建立管理会计人才培养标准提供依据；(2) 为促进我国管理会计人才培养培训模式与内容创新提供基础；(3) 为我国逐步建立管理会计人培训体系、考试认证体系提供依据；(4) 为我国建立管理会计人才测评体系及其信息化提供依据；(5) 为推进我国管理会计职业化、国际化进程提供具体抓手；(6) 为促进管理会计人才培养模式与内容创新，打造新的品牌项目，为实现我国管理会计总体战略目标等提供基础性支持；(7) 以胜任能力框架为依据，以水平能力考试认证教育为抓手，可以实现管理会计人才（师）能力培养、经济效益和社会效益的统一，逐步形成社会公信力，成为推动我国管理会计发展的领军者，实现产学研政一体化，形成我国管理会计人才的独特竞争优势之一。

目 录

第一章 引言 …………………………………………………………………… (1)
    一、研究背景、目的与意义 ………………………………………………… (1)
    二、研究方向、思路与任务 ………………………………………………… (3)
    三、研究前提与方法 ………………………………………………………… (3)
    四、研究内容与结构 ………………………………………………………… (5)

第二章 国内外代表性职业组织对管理会计师能力框架研究的现状 ……… (6)
    一、英国 CIMA 的管理会计能力框架 ……………………………………… (6)
    二、美国 IMA 的管理会计能力框架 ………………………………………… (8)
    三、英国 ACCA 的"财会全才"观与十大专业能力框架 ………………… (10)
    四、中国管理会计（师）能力框架研究的情况 …………………………… (12)

第三章 中国管理会计发展政策环境分析：挑战与机遇 …………………… (13)
    一、中国管理会计改革发展的总体部署 …………………………………… (13)
    二、管理会计指引体系建设 ………………………………………………… (17)
    三、政策环境对管理会计人才培养的挑战与机遇 ………………………… (21)

第四章 中国管理会计师胜任能力：基本概念与结构 ……………………… (25)
    一、胜任能力 ………………………………………………………………… (25)
    二、胜任能力标准 …………………………………………………………… (25)
    三、能力领域 ………………………………………………………………… (26)
    四、能力要素 ………………………………………………………………… (27)

五、业绩标准 ·· (27)
　　六、个人特性 ·· (27)
　　七、有效的管理会计实务与胜任能力标准 ······································· (28)
　　八、有效实务与胜任管理会计师 ··· (28)
　　九、关键角色 ·· (29)
　　小结 ·· (30)

第五章　中国管理会计师胜任能力：标准建立的逻辑基础 ······················· (31)
　　一、管理会计能力领域建立逻辑 ··· (31)
　　二、管理会计能力要素及其业绩标准的建立逻辑 ····························· (32)

第六章　中国管理会计师胜任能力：标准的建立 ···································· (37)
　　一、胜任能力标准：职能层面 ·· (39)
　　二、胜任能力标准：个人层面 ·· (39)
　　三、胜任管理会计师的知识体系 ··· (57)

第七章　中国管理会计师水平能力认证与教育体系的构建与运营管理 ······ (60)
　　一、中国管理会计人才（师）教育培训的基本情况 ························· (60)
　　二、国际机构管理会计师水平能力考试认证制度的经验与借鉴 ········· (61)
　　三、建立中国管理会计师水平能力认证考试教育营运管理体系 ········ (70)

结束语　结论与局限性 ·· (79)

附录A　"中国企业管理会计实践"调研报告 ·· (81)
参考文献 ·· (116)
致谢 ·· (118)

第一章 引 言

一、研究背景、目的与意义

财政部根据《会计改革与发展"十二五"规划纲要》,2014年10月24日制定发布了《关于全面推进管理会计体系建设的指导意见》(以下简称《指导意见》),明确了管理会计的基本职能(定义)和管理会计体系建设的指导思想、基本原则和具体任务,提出了管理会计体系建设的总目标,并围绕该目标明确了相应的任务、具体措施和工作要求,指明了未来中国会计(工作)转型升级以及会计人才培养的目标和方向。为了落实《指导意见》,2016年6月22日财政部颁布了《管理会计基本指引》(以下简称《基本指引》),指出管理会计应用的领域包括战略管理、成本管理、预算管理、营运管理、投融资管理、绩效管理、风险管理以及信息化建设;2017年9月至2018年12月正式颁布了34项《管理会计应用指引》(以下简称《应用指引》),为管理会计在上述领域应用实践的工具方法提供了具体指南。

以上关于管理会计改革发展的一系列工作部署和要求以及未来管理会计发展的大趋势,对中国管理会计师(人才)的职业能力提出了新的挑战和更高要求——管理会计师要具备两个基本能力:(1)为单位有效开展战略管理、预算管理、成本管理、营运管理、投融资与财务资源管理、绩效管理、风险管理等管理活动提供相关信息的能力;(2)利用相关信息并借助专业工具方法帮助单位实现价值创造的能力。然而,目前中国管理会计师的职业素质由于受到历史发展的影响,距离国家的要求还有相当的差距。我国已有超过1660多万会计人员，但是，高端会计人才相对缺乏，其中能够为单位管理高层提供有效经营和最优化决策信息的管理会计人才尤为匮乏，力量较为薄弱，已经成为当前制约管理会计发展的突出瓶颈。

因此，全面推进管理会计体系建设客观上要求我们要抓紧解决人才匮乏这一关键问题，思考管理会计师应具备何种素质能力与知识体系，才能有效地支持单位的规划、决策、控制与评价活动，并帮助单位管理风险，已经成为一个值得高度关注和研究的重要课题。为此，本书在认真分析企业商业环境、当前和今后一个时期管理会计人才发展面临的新形势、新任务和新挑战基础上做出判断，选择中国管理会计师（人才）能力框架这一主题开展研究，并将管理会计人才的概念具化为中国管理会计师（以下简称"管理会计师"），英文为"Certified Management Accountant"（CNMA）。

本书的目的是在总结我国管理会计实践经验与成就的基础上，借鉴国际管理会计职业机构的成熟做法，提出建立我国管理会计师能力框架的基本构想，并对其胜任能力要素和水平能力考试教育培训体系、营运管理体系进行研究，以指导中国管理会计活动的开展和管理会计人才的系统培养与后续教育，全面提高中国管理会计人才队伍的素质，保障管理会计体系建设各项发展目标的实现。

本书对实现我国推进管理会计人才队伍建设及管理会计改革与发展目标的实现具有如下意义：（1）为我国建立管理会计人才培养标准提供依据；（2）为促进我国管理会计人才培养培训模式与内容创新提供基础；（3）为我国逐步建立管理会计人培训体系、考试认证体系提供依据；（4）为我国建立管理会计人才测评体系及其信息化提供依据；（5）为推进我国管理会计职业化、国际化进程提供具体抓手；（6）为促进管理会计人才培养模式与内容创新，打造新的品牌项目，为实现我国管理会计总体战略目标等提供基础性支持；（7）以胜任能力框架为依据，以水平能力考试认证教育为抓手，可以实现管理会计人才（师）能力培养、经济效益和社会效益的统一，逐步形成社会公信力，成为推动我国管理会计发展的领军者，实现产学研政一体化，形成我国管理会计人才的独特竞争优势之一。

二、研究方向、思路与任务

本书的研究方向是如何建立中国管理会计师胜任能力框架。该框架是指按照有效达成管理会计实务的绩效目标或结果要求,构建由"管理会计职能标准、管理会计师个人特性标准,包括其知识体系、技能体系和职业道德"为要素的中国管理会计师胜任能力框架。

本书的基本思路是:(1)按照《指导意见》的总体规划,借鉴国际经验,结合我国国情和中国管理特色,构建管理活动、管理会计职能与管理会计师角色、职能和能力之间的逻辑驱动关系;(2)以《基本指引》为纲领,以《应用指引》为具体指导,在以上逻辑驱动关系的基础上,按照有效达成管理会计实务的绩效目标或结果要求,构建由"管理会计职能标准、管理会计师个人特性标准,包括知识体系、技能体系和职业道德"为要素的中国管理会计师胜任能力框架;(3)以胜任能力框架为统领,建立中国管理会计师培养培训体系和运营管理体系。

根据以上研究思路,具体研究任务包括:(1)定义管理会计实务所需要的胜任能力(competency);(2)建立胜任能力标准,包括管理会计的职能标准和管理会计师个人标准;(3)建立管理会计实务要达成的绩效标准;(4)建立管理会计师个人标准需要的知识体系、技能体系和职业道德;(5)将上述各个要素进行逻辑整合,建立管理会计师胜任能力框架,基本结构如图1-1所示。在此结构基础上,提出中国管理会计师水平能力考试认证及其运营体系。

三、研究前提与方法

本书的基本前提包括:(1)制度背景;(2)财政部颁布的《指导意见》《基本指引》《应用指引》;(3)面向未来,体现前瞻性;(4)中国管理会计发展的国际化和职业化;(5)会计职能和会计人员转型。

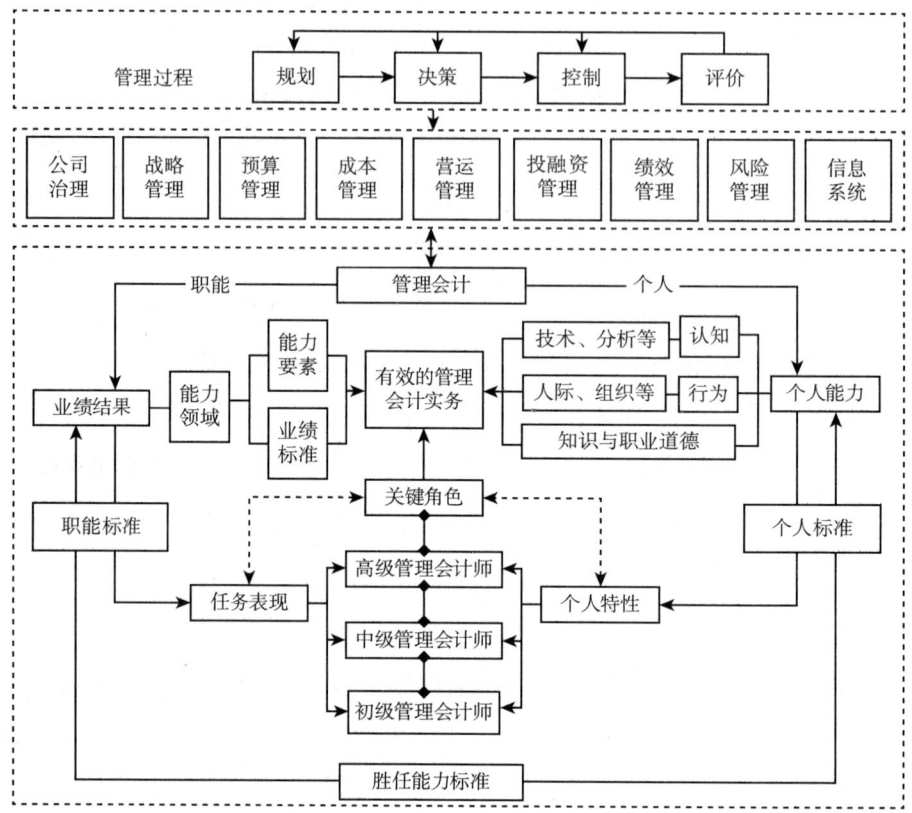

图 1-1 管理会计胜任能力框架标准结构

本书在文献梳理和调查研究基础上，主要通过进行分析性研究构建管理会计师胜任能力框架。（1）文献梳理研究主要是对国内外管理会计行业职业组织的研究成果进行梳理，为本项目提供经验借鉴。（2）调查研究是利用北京国家会计学院和 ACCA 会员单位的资源开展相关调查表调查，即针对重要的共性问题，选用量表法设计封闭调查表，实施问卷调查，以进一步考察管理会计实务状况以及管理会计师能力框架构成要素的认知特性，为本书提供现实基础。（3）分析性研究法主要服务于构建"中国管理会计师胜任能力框架"部分的研究，主要是从既定基本概念出发，界定中国管理会计师胜任能力框架的目标、术语、要素及其结构关系。

四、研究内容与结构

　　本书的主体内容共由六部分构成。第一章引言，主要交代研究背景、研究意义、研究方法与路径等；第二章主要梳理国外代表性的管理会计职业组织对管理会计师能力框架的研究情况，从中总结提炼可供我们借鉴之处；第三章主要研究中国管理会计改革与发展政策环境及其所带来的挑战和机会，进一步说明建立中国管理会计师能力框架的必要性和现实意义；第四章主要界定和描述构建中国管理会计师胜任能力框架所涉及的基本概念与术语；第五章主要是研究构建中国管理会计师胜任能力标准的逻辑基础；第六章主要从管理会计职能和管理会计师个人两个角度构建中国管理会计师胜任能力标准，以及所需要具备的知识体系、技能体系和职业道德；第七章是在以上各章研究基础上，提出构建中国管理会计师（CNMA）的水平能力考试认证体系，并针对CNMA水平能力考试认证教育的运营管理体系提出建议。最后，结束语描述了本书的主要结论和局限性。

第二章 国内外代表性职业组织对管理会计师能力框架研究的现状

在管理会计领域及职业发展方面,代表性的国际组织主要有英国的ACCA和CIMA、美国的IMA等。这些组织是国际公认的关注管理会计人才培养的重要机构。这些机构都以培养管理会计人才和提供实践服务为宗旨,建立管理会计师能力框架,开展管理会计师水平能力考试认证。这些经验成果对我们构建中国管理会计师胜任能力框架具有重要借鉴意义。

一、英国CIMA的管理会计能力框架

(一) 管理会计的定义与职能

CIMA(英国特许管理会计师公会)作为专门的管理会计职业组织,2014年与美国AICPA(美国注册会计师协会)联合颁布《全球管理会计原则》(以下简称《原则》)[①],定义了管理会计及其职能,提出管理会计的具体原则,为管理会计职业活动的有效性、管理会计师人员的胜任能力以及管理会计实践能力等提供了判断的基本标准。

《原则》认为,管理会计是为组织创造价值和保持价值而收集、分析、传递和使用与决策相关的财务与非财务信息,其基本职能是通过全面财务和经营分析,提供有效支持企业开展计划、执行与控制战略的信息,帮助企业管理者更

---

① 资料来源:CIMA官方网站http://www.cimaglobal.com(英文)和http://www.cncima.com。

好地做出决策,并对组织所面临的风险做出适当反应,进而创造价值并保持价值,以保证企业可持续发展。

(二) 管理会计的具体原则与应用领域

作为一种职业指导性文件,《原则》描述了管理会计职业人员应该具备的基本价值、品质和特征。为此《原则》特别提出了四大基本原则:(1)通过沟通提供有影响力的建议——旨在驱动对组织战略的理解和筹划决策,以保证战略能够在组织内部全面彻底贯彻执行;(2)提供相关性信息——旨在帮助组织筹划和收集战略制定和战略执行所需要的相关信息;(3)履行受托责任,建立相互信任——旨在积极地维护各种关系和人力资源,使组织的财务与非财务资产、声誉和价值得到保护;(4)分析对价值的影响——旨在模拟不同的管理场景,说明投入产出之间的因果关系,以保证资源的合理利用。按照上述四项具体原则,管理会计被应用于14个实务领域,包括:成本改进与管理、对外报告、财务战略、内部控制、投资评价、管理与预算管理、定价、折扣和产品决策、项目管理、守法与合规、资源管理、风险管理、战略税收管理、司库与现金管理、内部审计。

通过以上14个企业管理领域的管理会计实务方法的运用,旨在为公司董事会及其管理层在确立和改进其管理会计体系方面提供支持,以高效地、卓有成效地满足组织的需求;帮助组织更好地进行决策,对其所面临的风险做出适当反应,并对其所创造的价值进行保值;促进管理会计潜能的实现。

(三) 管理会计师胜任能力框架

为了保证管理会计在以上领域中有效地开展管理会计活动,履行管理会计的具体责任和职能,《原则》特别提出全球注册管理会计师(也可译作国际注册管理会计师)(Chartered Global Management Accountant,CGMA)职业能力框架,该框架涵盖技术能力(Technical Skills)、商业能力(Business Skills)、人际能力(People Skills)和领导能力(Leadership skills)以及职业操守(Professional Ethics)五个领域,规定了管理管理会计师开展活动的行为准则。在此基础上,

2016 年 CIMA 将《CGMA 管理会计能力框架》正式公布。该框架以道德、诚信和专业精神为基础，由技术技能、商业技能、人际技能和领导技能四大要素构成，具体包括：

1. 技术能力：包括财务会计与报告、成本会计与管理、业务规划、管理报告与分析、公司财务与财资管理、风险管理与内部控制、会计信息系统、税务策略、筹划与合规等共 7 项子要素。

2. 商业技能：包括战略、市场与法规、流程管理、商业关系、项目管理、宏观分析等 6 项子要素。

3. 人际技能：包括影响力、谈判与决策、沟通、写作与合作等 4 项子要素。

4. 领导技能：包括团队建设、辅导与指导、推动绩效、激励与鼓舞、变革管理等 5 项子要素。

以上共计 22 项具体要素，针对每项具体要素均按照"基础""中级""高级"和"专家级"4 个能力等级定义能力词典，共 88 条。在该框架正式颁布之后，CIMA 据此修订了职业水平能力框架和考试体系与大纲。

二、美国 IMA 的管理会计能力框架

美国对管理会计的研究和实践也走在世界前沿。2005 年，IMA（美国管理会计师协会）总部领导层发生了较大变动，决定对《管理会计公告》（Statements on Management Accounting，SMAs）（以下简称"公告"）进行大规模修订，2008 年重新定义管理会计与功能，突出了战略成本管理、绩效管理、风险管理等重要领域的管理会计职业活动。现行的 SMAs[①]在内容上可分为管理会计的定义与功能，并以此为基础，提出"领导力、战略与道德规范""科技支持""管理会计实务""战略成本管理""企业绩效管理""企业风险管控"六大主题或模块。

---

① 资料来源：http://www.imanet.org.cn/research/manageAccountingBulletin。

（一）管理会计定义与职能

公告对管理会计的新的定义是："管理会计是一种深度参与管理决策、制订计划与绩效管理系统、提供财务报告与控制方面的专业知识以及帮助管理者制定并实施组织战略的职业。"

这一定义显见的特点是从管理会计"职业"而非管理会计活动过程的角度重新做出的，旨在强调管理会计师作为职业人员的作用和能力要求。该定义站在帮助组织制定并实施战略的角度看，管理会计（师）的职能几乎涉及组织所有的管理领域及其管理活动，其基本职能是帮助组织进行决策的制定与控制实施，帮助财务总监及其团队增强企业实力，实现企业的可持续发展。管理会计师的职责作用是为数据转化为信息提供概念框架，并在整个信息价值链中履行推动者和战略合作伙伴的作用。

（二）管理会计的原则与应用领域

管理会计师遵循基本道德准则和行为准则开展管理会计活动，这些原则包括：（1）胜任能力：管理会计师要提供高质量的专业服务，必须具有较强的专业技能，就要求管理会计师不断更新专业知识，始终处于业内的最前沿。（2）保密责任。管理会计师的工作性质决定了他们能够掌握大量的企业内部信息，这些机密一旦泄露，将会给企业带来巨大的经济损失，所以除授权及法定情况外，管理会计师应保守工作中获得的机密。（3）正直的品行。管理会计师为企业的经营管理活动提供决策有用信息，信息的质量不仅取决于管理会计师的技术水平，还取决于他们的品行。（4）客观原则。管理会计师在分析问题和处理问题时，不能以个人的好恶或成见行事，应当提供真实客观的信息。管理会计师应当做到：披露客观、公正的信息和充分地披露信息。

具体的管理会计的应用领域主要包括战略成本管理、绩效管理、公司财务治理、风险管理、对外报告与遵循管理以及具体管理会计实务（具体涉及治理体系、管理控制系统、组织领导力、内部计量系统、对外报告系统、国际商务环境和财务职能转变等方面）。

(三) 管理会计师能力框架

IMA 根据《IMA 职业道德行为准则公告》中关于管理会计师胜任能力的基本道德准则和行为准则，于 2016 年提出全新的《管理会计能力素质框架》。该框架聚焦于规划与报告、决策、科技、运营和领导力 5 个领域，具体包括：

1. 规划与报告：包括财务报表编制、财务记账、战略性和战术性规划、预测、预算、绩效管理、成本会计与成本管理、内部控制以及税务会计、税务管理与筹划等 9 项要素。

2. 决策：包括财务报表分析、公司金融、经营决策分析、企业风险管理、资本投资决策、职业道德等 6 项要素。

3. 科技：包括企业资源管理规划（ERP）和总账系统、信息系统与软件应用。

4. 运营：包括行业知识、运营知识、质量管理与持续改进、项目管理等 4 项要素。

5. 领导力：激发与激励他人、沟通技能、变革管理、人才管理、协作与团队合作、谈判、冲突管理等 7 项要素。

以上能力要素共 28 项，每项具体要素按照入门级、初级、中级、高级和专家级 5 个能力级别定义能力词典，共 140 条。该能力素质框架对规划和规范管理会计核心能力具有重要意义，为管理会计人才培养提供了指导，为该行业的人才管理和职业发展提供了指引。

三、英国 ACCA 的"财会全才"观与十大专业能力框架

（一）"财会全才"观

ACCA（特许公认会计师公会）于 1904 年在英国成立，是目前全球最具规模的国际专业会计师组织。ACCA 的发展宗旨是：为全世界有志投身于财务、会

计以及管理领域的专才提供重要的水平能力认证，同时 ACCA 从雇主的技能需求出发，为会员和学员的事业发展提供完善的支持和专业服务。

2012 年 ACCA 携 IMA 对全球 500 位首席财务官（CFO）进行了调研，其目的在于对后金融危机时代的财会人员要求做出判断。调查研究认为，企业经营环境的突变需要财会职能部门做出相适应的变化，并根据该调研判断，在 2013 年提出"财会全才"的概念，即财会全才是那些在知识和技能上兼备广度和深度、通晓财会和企业经营各个领域的人士。

（二）基于"财会全才"观的十大能力框架

围绕财会全才，ACCA 为财会人士跨越技能差距提出了十大能力框架建设：

1. 可持续的管理会计——评测、估算和执行管理会计及绩效管理系统，开展企业绩效规划、衡量、控制和监督，以确保价值链的可持续发展。

2. 领导力与管理——管理资源，带领企业高效、有操守地运作，了解利益相关方的需求和重点。

3. 战略与创新——对战略定位进行评估，发现其他方法提高绩效、巩固市场地位；落实战略，保障成本效益和开创性的企业流程改进与管理变革。

4. 财务管理——审时度势，落实有效的投资和财会决策，涵盖投资评估、企业重组、税务与风险管理、库存与营运资本管理等领域，保障价值创造。

5. 治理、风险和控制——确保高效、适度的治理；评估、监督和落实相应的风险识别流程；规划并执行合适、有效的管理会计与控制制度。

6. 利益相关方关系管理——把握利益相关方期望和需求；要求企业符合他们的要求；让利益相关方有效地参与进来，沟通相关信息。

7. 专业素质与操守——认知和行为要符合基本的行业准则和道德准则；保证企业道德架构的正确执行。

8. 企业报告——撰写高质量的企业报告，帮助利益相关方了解情况，做出决策。

9. 法律与税务——把握与企业相关的法律法规；了解税收、监管和制度，明确个人和企业的税收责任，利用税务规划将责任负担最小化。

10. 审计与鉴证——提供高质量的外部管理会计；评估信息制度和内部控制，收集证据、履行流程，让审计与鉴证参与进来。

（三）管理会计与 ACCA 能力框架建设

ACCA 并没有单独就管理会计（师）给出专门的能力框架的设计，但是，ACCA 认为管理会计师应该在企业中占据核心地位，推动变革，并确保企业能在未来抓住机遇，应对挑战或威胁。在财会全才的能力框架中，可持续的管理会计，领导力与管理，战略与创新，财务管理，治理、风险和控制，利益相关方关系管理，专业素质与操守能力建设与管理会计密切相关。ACCA 认为管理会计师的能力建设应围绕这七方面进行培训。

综上所述，本书选取了英国 CIMA、美国 IMA 和英国 ACCA 这三家国际公认的、具有代表性职业组织，梳理了这三家机构关于管理会计的定义、管理会计职能、管理会计（师）职业领域和管理会计（师）能力框架等。通过分析发现：为了适应新的和商业环境的变化，这些机构均从管理会计职业发展与管理会计人才培养的角度，及时更新或新开发了管理会计（师）胜任能力框架，这基本上代表了国际管理会计发展的基本趋势。同时，我们发现，目前国际上对管理会计人才胜任能力建设方面的认识已基本趋同，都是从管理会计具体功能的角度来定义管理会计师的角色和职责，进而提出管理会计师胜任能力框架，并以管理会计的能力框架指导管理会计职业发展和管理会计职业人员，即管理会计师培养与培训。以上国外的研究成果，为构建中国管理会计师胜任能力框架提供了可供借鉴的内容。

四、中国管理会计（师）能力框架研究的情况

在我国，由于管理会计发展相对缓慢，对管理会计实践也缺乏总结提炼，同时，管理会计职业化才刚刚起步，没有专门管理会计职业机构制定专业的管理会计职业人员能力框架。因此，我们认为非常有必要从实践性、前瞻性、国际化视角出发，以管理会计人才培养和管理会计职业化为目标，开展中国管理会计师胜任能力框架及其水平能力考证认证体系的研究，为未来在此基础上成立专门的职业管理机构，专司推进中国管理会计人才评价、考试认证与管理等体系的建设与应用工作奠定基础。

第三章 中国管理会计发展政策环境分析：挑战与机遇

一、中国管理会计改革发展的总体部署

为贯彻落实党的十八大和十八届三中全会精神，深入推进会计强国战略，全面提升会计工作总体水平，推动经济更有效率、更加公平、更可持续发展，2014年10月27日，财政部根据《会计改革与发展"十二五"规划纲要》，制定发布了《关于全面推进管理会计体系建设的指导意见》（以下简称《指导意见》），明确了管理会计体系建设的指导思想和基本原则，提出了管理会计体系建设的总目标，并围绕该目标明确了相应的任务、具体措施和工作要求。这一文件是中国会计改革与发展工作新的里程碑，标志着中国会计改革与发展工作重心转向培育和发展管理会计，也是中国管理会计师胜任能力建设的基本环境。为了充分理解认识该环境对建立中国管理会计师胜任能力框架的指导意义，本书在此根据财政部会计司对《指导意见》有关的解释，对其中管理会计的内涵、管理会计改革发展的基本背景、关键任务部署等相关内容进行简要分析。

（一）《指导意见》对管理会计的定义

《指导意见》明确指出：管理会计是会计的重要分支，主要服务于单位（包括企业和行政事业单位，下同）内部管理需要，是通过利用相关信息，有机融合财务与业务活动，在单位规划、决策、控制和评价等方面发挥重要作用

的管理活动。

正确理解这一定义需要把握以下几点：一是管理会计的服务对象是内部管理者；二是管理会计的终极目标是帮助管理者实现"向管理要效益"，但是其直接目标是通过相关信息和技术方法的运用，支持管理者更加有效地开展规划、决策、控制与评价活动或工作。三是管理会计的服务领域（也可以理解为管理会计的工作领域）非常宽泛，涉及单位规划、决策、控制与评价的各个职能管理领域（如战略管理、预算管理、成本管理、营运管理、投融资管理、绩效管理、风险管理、信息与报告等）；四是管理会计的服务方式是利用信息，服务路径或载体是管理过程，即以规划、决策、控制与评价等管理活动过程为载体，管理会计与这些管理过程的关系是伴生性关系，管理活动到哪里，管理会计的服务功能就应该跟着发挥到哪里，管理会计对改进这些管理起着支持、辅助、参谋的作用而不是替代作用；五是管理会计解决的问题是管理问题而不是会计问题，但管理会计的"会计特性"是指保持会计的计量观和信息观，前者强调量化管理思维，后者强调管理决策信息的相关性，进而能够充分有效地利用会计信息服务于管理活动。

（二）《指导意见》的出台背景

财政部会计司关于《指导意见》的相关解释中，对我国推进管理会计发展与应用的背景做了深刻分析，概括起来主要有三方面：

1. 全面推进管理会计体系建设，是推动经济转型升级的迫切需要

国际金融危机以后，世界经济进入增速减缓、结构转型、竞争加剧的时期。我国经济正处于增长速度换档期、结构调整阵痛期和前期刺激政策消化期"三期"叠加阶段，只有加快经济发展方式转变，充分挖掘管理潜力，才能实现社会经济持续发展。在会计领域贯彻落实全面深化改革要求，非常重要的一项内容就是要大力加强管理会计工作，通过强化管理会计应用，推动企业建立、完善现代企业制度，实现管理升级，增强核心竞争力和价值创造力，进而促进经济转型升级；推动更加科学、全面地衡量企业绩效，加快形成企业自主经营、公平竞争的市场环境，充分发挥市场在资源配置中的决定性作用。

2. 全面推进管理会计体系建设，是建立现代财政制度、推进国家治理体系和治理能力现代化的内在要求

要发挥好大国财政职能作用，必须具备国际先进的管理能力和宏观调控水平。管理会计重在利用有关信息参与决策、规划未来、控制和评价经济活动，其理念和方法对财政管理具有较大的借鉴意义。通过运用管理会计，有助于关注和重视政府管理中不同环节、不同岗位之间的相互衔接，加强规则制定、流程控制，提高政府管理效能；有助于推进行政事业单位加强预算绩效管理、决算分析和评价工作，推动建立与实现现代化相适应的现代财政制度，进而推进国家治理体系和治理能力现代化。

3. 全面推进管理会计体系建设，是会计改革与发展的重要方向

改革开放以来，特别是市场经济体制建立以来，我国会计工作紧紧围绕服务经济财政工作大局，会计改革与发展取得显著成绩：会计准则、内控规范、会计信息化等会计标准体系基本建成，并得到持续平稳有效实施；会计人才队伍建设取得显著成效；注册会计师行业蓬勃发展；具有中国特色的财务会计理论体系初步形成，有力地支持了经济社会发展。但是，一段时间以来，我们的会计标准建设以及会计学术研究和会计实务，考虑外部投资者、社会公众和外部管理会计较多，而服务内部管理决策不够，管理会计发展相对滞后，为单位发展提供规划、决策、控制和评价等方面的作用未得到充分有效发挥。全面推进管理会计体系建设，是顺应会计科学发展的必然选择，是实现中国特色会计体系的自我超越和自我完善的必要举措，是推动中国会计工作转型升级的重点所在。

4. 全面推进管理会计体系建设，是弥补差距、迎头赶上、跨越发展的需要

在我国，尽管管理会计已有一些探索和应用，但总体上看，管理会计在服务经济社会发展，对单位经营情况和支出效益进行深入分析，制定战略规划、经营决策、过程控制和业绩评价等方面，亟须充分发挥其应有的作用。管理会计总体上与发展需要有一定差距，突出体现在理论研究不足、系统指导缺乏、实践处于自发状态、管理会计人才素质有待提高、管理会计信息化水平还满足不了管理需要，以及咨询服务规模和水平有限。因此，要实现我国管理会计跨越式发展，提高单位资金使用效益和价值创造力，推动中国经济转型升级，关键是要科学系统地进行体系规划，坚持问题导向，解决这些制约管理会计发展的重点难点问题，切实加强管理会计实践应用。

综上所述，发展管理会计可以有效促进转变经济发展方式，加快完善现代市场体系，打造中国经济升级版，实现企业向管理要效益，推进行政事业单位加强绩效管理和国家实现治理能力现代化。基于以上背景，财政部立足国情、借鉴国际，提出了"4+1"的管理会计有机发展模式，即推进管理会计理论体系建设，推进管理会计指引体系建设，推进管理会计人才队伍建设，推进面向管理会计的信息系统建设和发展管理会计咨询服务市场。

（三）《指导意见》的核心任务与目标

如上所述，管理会计"4+1"模式即是《指导意见》中提出的管理会计体系建设的核心任务，各个体系既各有侧重、自成一体，又相辅相成、相互促进，共同构成有机整体，其中，理论建设是基础，指引体系是保障，人才培养是关键，信息化建设是支撑，咨询服务是外部支持。管理会计体系建设必须坚持整体推进，各部分要寻求均衡发展，不可偏废其一。其中，人才建设是关键，是其他各项建设的依托。

（四）《指导意见》中部署的发展目标

《指导意见》分阶段地提出了中国管理会计体系建设的宏伟目标，即建立与我国社会主义市场经济体制相适应的管理会计体系。争取3～5年内，在全国培养出一批管理会计人才；力争通过5～10年的努力，中国特色的管理会计理论体系基本形成，管理会计指引体系基本建成，管理会计人才队伍显著加强，管理会计信息化水平显著提高，管理会计咨询服务市场显著繁荣，使我国管理会计接近或达到世界先进水平。这一目标既脚踏实地，立足当下，又放眼未来，谋划长远，描绘了中国管理会计未来发展前景，是指导我国未来开展管理会计工作的总体规划。

二、管理会计指引体系建设

管理会计指引体系建设是管理会计体系建设的重要组成部分,是落实《指导意见》具体任务的直接抓手。按照财政部的部署,我国的管理会计指引体系建设思路是建立以管理会计基本指引为统领、以管理会计应用指引为具体指导、以管理会计案例示范为有益补充的管理会计指引体系,为单位应用管理会计提供有力的指导和具体指南,确保管理会计工具方法在单位中的应用效果,达到提升单位价值创造力的目标。

该体系以管理会计的工具方法为主线,说明各种工具方法应用的环境、具体操作及各自的优缺点、预期达到的效果等,为单位系统了解和应用管理会计提供指引,以推动管理会计在单位的广泛应用。同时,该体系结合应用指引的工具方法和中国实务,提供案例示范,作为单位实施、应用相应工具方法的操作参考,以促进单位发挥能动性,应用并开发适用的管理会计工具方法。

(一) 管理会计基本指引建设

管理会计基本指引是将管理会计普遍规律上升到标准,是对管理会计基本概念、基本原则、基本方法、基本目标等内容的总结、提炼,形成指导单位应用管理会计的共同话语基础,同时也是制定应用指引和建设案例库的基础,对应用指引、案例库建设起到统驭作用。

根据管理会计指引体系的建设目标,财政部于2016年10月正式颁布《管理会计基本指引》。该指引在深入研究和吸收各方意见的基础上,形成了涵盖目标、原则、要素等的基本框架,并以要素为主线铺陈章节,其中,总结提炼了应用环境、管理会计活动、工具方法、信息与报告这四项管理会计要素,构成了管理会计应用的有机体系,单位应在分析管理会计应用环境的基础上,合理运用管理会计工具方法,全面开展管理会计活动,并提供有用信息,生成管理会计报告,支持单位决策,推动单位实现战略规划。

在《基本指引》中，明确了管理会计的具体应用的七大领域，即战略管理、预算管理、成本管理、营运管理、投融资管理、绩效管理和风险管理；每个领域中都列举了具有代表性的、相对成熟的管理会计具体工具方法，为管理会计应用指引的建设提供了基础。具体详见表3-1所示。

表3-1　　　　　　　　管理会计应用领域与代表性工具

领域 \ 工具	管理会计工具方法
战略管理	战略地图、价值链管理等
预算管理	全面预算管理、滚动预算管理、作业预算管理、零基预算管理、弹性预算管理等
成本管理	目标成本管理、标准成本管理、变动成本管理、作业成本管理、生命周期成本管理等
营运管理	本量利分析、敏感性分析、边际分析、标杆管理等
投融资管理	贴现金流法、项目管理、资本成本分析等
绩效管理	关键指标法、经济增加值、平衡计分卡等
风险管理	单位风险管理框架、风险矩阵模型等

（二）管理会计应用指引建设

在基本指引指导下，财政部于2017年9月29日正式颁布了首批共22项《管理会计应用指引》；2018年又陆续正式颁布12项应用指引，共计34项，详见表3-2所示。

该应用指引对管理会计各项工具方法进行系统梳理，清晰明确地告诉单位这些工具方法是什么、怎么用、有哪些优缺点、运用环境、如何选择、预计效果等内容，以便于单位结合自身情况选择运用适合的管理会计工具方法。

表3-2　　　　　　　　管理会计应用指引索引表

领域 \ 指引	应用指引
战略管理	管理会计应用指引第100号——战略管理 管理会计应用指引第101号——战略地图
预算管理	管理会计应用指引第200号——预算管理 管理会计应用指引第201号——滚动预算 管理会计应用指引第202号——零基预算 管理会计应用指引第203号——弹性预算 管理会计应用指引第204号——作业预算

续表

领域 \ 指引	应用指引
成本管理	管理会计应用指引第 300 号——成本管理 管理会计应用指引第 301 号——目标成本法 管理会计应用指引第 302 号——标准成本法 管理会计应用指引第 303 号——变动成本法 管理会计应用指引第 304 号——作业成本法
营运管理	管理会计应用指引第 400 号——营运管理 管理会计应用指引第 401 号——本量利分析 管理会计应用指引第 402 号——敏感性分析 管理会计应用指引第 403 号——边际分析 管理会计应用指引第 404 号——内部转移定价 管理会计应用指引第 405 号——多维度盈利能力分析
投融资管理	管理会计应用指引第 500 号——投融资管理 管理会计应用指引第 501 号——贴现现金流法 管理会计应用指引第 502 号——项目管理 管理会计应用指引第 503 号——情景分析 管理会计应用指引第 504 号——约束资源优化
绩效管理	管理会计应用指引第 600 号——绩效管理 管理会计应用指引第 601 号——关键业绩指标法 管理会计应用指引第 602 号——经济增加值法 管理会计应用指引第 603 号——平衡计分卡 管理会计应用指引第 604 号——绩效棱柱模型
风险管理	管理会计应用指引第 700 号——风险管理 管理会计应用指引第 701 号——风险矩阵 管理会计应用指引第 702 号——风险清单
报告与信息	管理会计应用指引第 801 号——企业管理会计报告 管理会计应用指引第 802 号——管理会计信息模块 管理会计应用指引第 803 号——行政事业单位

在管理会计指引体系中，应用指引居于主体地位，是对单位管理会计工作的具体指导。为切实提高科学性和可操作性，管理会计应用指引既要遵循基本指引，也要体现实践特点；既要形成一批普遍适用、具有广泛指导意义的基本工具方法，如经济增加值（EVA）、本量利分析、平衡计分卡、作业成本法等，也要针对一些在管理会计方面可能存在独特要求的行业和部门，研究制定特殊

行业的应用指引；既考虑企业的情况，也考虑行政事业单位的情况；在企业层面，还要兼顾不同行业、不同规模、不同发展阶段等特征，坚持广泛的代表性和适用性。

应用指引是开放性的，随实践发展而不断发展完善。应用指引的实施更重指导性，由各单位根据管理特点和实践需要选择相应的工具方法。财政部将在充分征求意见基础上，组织开展系列课题研究，科学总结我国先进企业管理会计实务，充分借鉴发达市场经济国家或地区的有效做法，研究确定一系列应用指引，本着先急后缓、先一般业务后特殊业务、"成熟一批，发布一批"等原则逐步发布。

（三）管理会计示范案例库建设

管理会计示范案例库（以下简称"案例库"）建设是中国特色管理会计体系建设的重要组成部分，其与《应用指引》相配套，为应用指引的应用及实践落地起着操作示范的重要作用。

案例库建设以《财政部关于全面推进管理会计体系建设指导意见》为统领，以《管理会计基本指引》为指导，以《管理会计应用指引》的应用落地为目的，同时作为管理会计应用指引的有益补充，为各单位学习、应用管理会计工具方法的实践活动提供操作性示范，开展管理会计实践交流互动活动，推进管理会计产、学、研、政一体化平台的形成，最终将管理会计转化为生产力具有不可或缺的地位。这一目标既是示范案例库建设的总体要求，也是主要建设原则和指导思想，决定着示范案例的写作规范、评选标准和应用机制等。

案例库建设的目标是建立管理会计示范案例库的五个基本"平台"功能，包括：一是落实管理会计应用指引的解析平台；二是管理会计实践经验交流互动平台；三是实现高级管理会计人才培训创新的实验平台；四是实现管理会计产、学、研、政一体化的机制平台；五是挖掘、提炼中国特色管理会计模式、理论及其创新的支持平台。

三、政策环境对管理会计人才培养的挑战与机遇

上述我国管理会计发展政策环境的基本分析,标志着由国家政府机构(财政部)推动的我国会计改革与发展进入一个新时代,管理会计将成为会计职能和会计人员转型的根本方向,这为管理会计人才培养的能力标准建设、培养培训方式的改革以及中国管理会计职业化、国际化的发展带来了挑战和机遇。

(一)新环境下管理会计人才培养面临的挑战

1. 新环境对单位财会部门职能和人员角色的挑战

如上所述,在新的环境下,发展管理会计可以有效促进转变经济发展方式,加快完善现代市场体系,打造中国经济升级版,实现单位向管理要效益,推进行政事业单位加强绩效管理和国家实现治理能力现代化。这一变化要求单位财会部门职能和人员功能角色必须面对以下三个基本方面挑战:

(1)以信息技术和数字控制技术为基础的制造、服务环境,导致财会工作基础技术平台和工作模式的变化,财会人员不仅要熟悉财务工作本身的程序与方法,还要关注企业组织的经营流程和管理流程,以及管理信息系统;同时,在新的技术平台环境下,财会人员从繁杂的基础交易处理工作中解放出来,从而有更多的机会和时间进行管理分析和决策支持工作。

(2)在激烈的竞争环境下,导致企业客户为中心的管理理念、商业模式的变革成为常态,进而要求财会部门和人员的分析工作从注重历史财务数据的分析,转向面向市场、竞争对手、产品与客户盈利性、服务效率等分析领域,强调财务分析对组织管理决策的支持作用。

(3)以金融化为特征的经济全球化,导致企业组织的管理环境充满不确定性,经营风险的传递不仅没有国界壁垒,而且没有时间滞后效应,这一环境要求单位的财会部门与人员不仅要具备风险管控能力,而且更要具备前瞻性管理变化的能力,以应对国内、国际环境的变化。

以上三个方面的变化,导致传统的财会管理工作理念和功能无法适应新的发展需要。众所周知,传统的观念认为,财会部门是组织的"守财奴""簿记和报表报告者""预算的编制者""财务数据的收集者"等,将财务部门的功能限定在记账、算账、编表和对历史财务数据的分析的狭隘范围之内,财务人员将大量的时间和其他资源投放于对基础交易的处理和有限的管理控制的监督领域。因此,要想与时俱进,单位财会部门的职能和人员角色需要重新审视和变革。

2. 应对新环境挑战的财会职能的变化

以上新环境的挑战,要求财会部门的职能必须由面向过去的"交易处理"为主,转变为面向未来的"管理决策支持"功能为主。

按照以上判断,面向未来的新的财会部门的职能既要反映功能结构变化的方向,又要反映在这种变化前提下财会工作领域的变化。综合起来如图3-1所示。

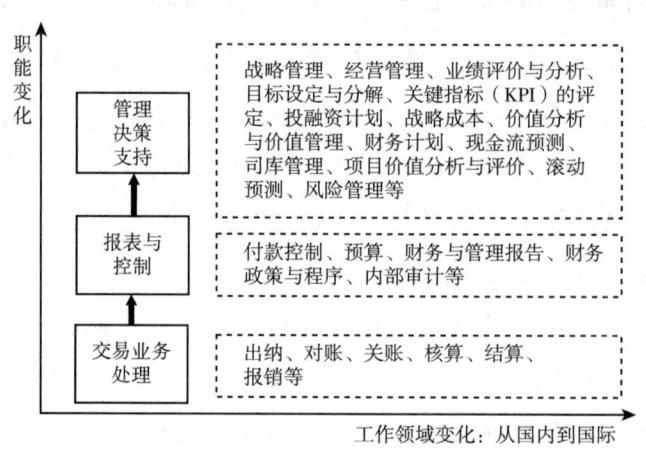

图3-1 面向未来的财会职能

3. 应对新环境挑战的财会人员角色的变化

图3-1表明,面向未来,财会部门的职能必须由过去的"数据提供者"转变为"经营分析者和预测者"。与之相适应,财会人员角色即能力需求需要重新定义。总的来说,实现新的财务职能的要求,财会人员的角色也必须实现从低级到高级转变,这一转变过程从低到高分为五类角色,即:遵从者、反应者、控制者、团队工作者和团队领导者;每一类角色都有其相应的绩效表现。具体如表3-3所示。

表 3-3　　　　　　　　　　　财会人员角色演进

角色	遵从者（业务处理员）	反应者（岗位管理员）	控制者（管理监控员）	团队工作者（管理顾问）	团队领导者（决策支持者）
绩效表现	1. 基础账务处理 2. 关注合规 3. 调整财务数据	1. 被动地参与管理工作 2. 非经常地进行财务分析 3. 对战略和业务不关心	1. 专注经营性财务控制 2. 强化财务指标控制 3. 只关注本部门的职责 4. 强调预算刚性控制	1. 关注跨部门整合资源 2. 重视跨部门培训 3. 承担计划责任 4. 提供分析数据与报告 5. 关注流程与信息系统的作用 6. 关注团队管理能力与技术的提升	1. 关注环境变化，参与战略分析与制定 2. 强调以战略为导向，整合运营与财务系统 3. 价值创造者 4. 强调用系统思维整合财务目标与业务目标 5. 关注综合平衡的业绩评价 6. 强调创新与前瞻性管理 7. 强调解决复杂问题能力的培养

表 3-3 表明，管理会计的发展，不仅要求财务部门职能转型，还要求财会人员角色转型。因此，未来的管理会计师或人才的角色至少要从控制者的角色逐步培养演进到团队领导者的角色，从过去的"理财管家"转变为"管理策略家和战略规划家"，真正实现为企业管理决策提供支持。

（二）新环境下管理会计人才培养面临的机会

首先，从政策面上看，财政部在《指导意见》相关解释中明确指出：管理会计人才队伍建设是关键，是其他各项建设的依托。我国已有超过 1660 万会计人员，但是，高端会计人才相对缺乏，其中能够为单位管理高层提供有效经营和最优化决策信息的管理会计人才尤为匮乏，力量较为薄弱，已经成为当前制约管理会计发展的突出瓶颈。因此，全面推进管理会计体系建设，客观要求我们抓紧解决人才匮乏这一关键问题，体现"坚持人才带动，整体推进"原则，重点通过改进和加强会计人才队伍建设，培养一批适应需要的管理会计人才，带动管理会计各体系的整体发展。这一政策背景为我们以培养管理会计师（CNMA）为抓手的管理会计人才培养提供了大好机会和政策依据，因此，建立适用中国环境的管理会计师胜任能力框架及其水平能力考试认证制度就显得格外重要和必要。

其次，从财会职能和财会人员角色转型的角度看，挑战孕育着机会。未来一个合格的管理会计人才或CNMA需要在战略管理、营运管理、成本管理、预算管理、绩效管理、投融资管理、IT应用等领域掌握足够的知识和技能，需要以最有效的方式进行沟通、协调，有效地领导或主导推进管理会计活动。因此，培养合格的管理会计人才或CNMA恰恰需要建立适用我国国情需要的管理会计从业人员的能力框架，确定人才培养标准和评价标准，保证其未来所需知识体系、能力技能和职业道德的合理性和完备性。因此，建立中国管理会计师胜任能力框架是解决我国管理会计人才培养范围、标准、职业化等问题的有效路径。

最后，从打造品牌项目的角度看，长期以来，北京国家会计学院高质量的高端教育已经形成独特优势，并决定了学院的社会公信力。因此，学院作为国家管理会计人才培养的基地，举办CNMA的培养认证项目，也势必会得到社会的广泛认可，助力打造学院新的品牌项目。因此，建立管理会计师胜任能力框架及其运营管理体系，是学院占领相关领域制高点的有利机会。

第四章 中国管理会计师胜任能力：基本概念与结构

本章研究了中国注册管理会计师职业能力框架构成要素所涉及的一系列概念和术语，为构建胜任能力框架提供共同的话语基础。

一、胜任能力

本书所谓胜任能力，英文对应的是"competency"一词。它描述了工作任务和工作业绩之间的关系，具体是指在完成工作任务（实务活动）的过程中反映和体现出的个人特性（知识、技能、态度）、任务的执行情况或业绩表现。因此，我们可以从需要完成什么工作、如何执行工作（performance）这两方面，根据特定条件下特定任务的具体工作业绩（performance）来定义"能力"。用这种"能力"的概念，我们可以刻画管理会计职能，划分职能作用领域及其业绩标准。

二、胜任能力标准

胜任能力标准是指判别一项管理会计工作/实务是否达到有效水平的尺度。它可以从管理会计职能和管理会计师个体两个方面构建其具体内容：前者是从有效的管理会计实务的角度，描述管理会计职能所具有的特性，即胜任职能特性；后者是指在上述胜任职能中，承担具体任务的管理会计师个人所必须具备的实际工作能力（capability），即个人的胜任特性。在下文中，我们将具有胜任能力的管理会计师简称为"胜任管理会计师"。

胜任能力标准将需要执行的任务、任务条件、特定的业绩标准、业绩实现（或任务的完成）以及所必需的管理会计个人技能特性有机地联系起来，其关系如图4-1所示①。

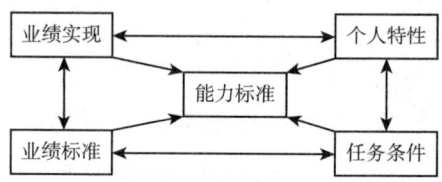

图4-1 胜任能力标准描述的能力关系

图4-1表明，任务的执行对个人特性提出了一定的要求，而任务的完成则展示了能力水平；根据业绩标准对能力进行评估，则体现了对管理会计职能能力和管理会计师个人实际能力的要求，上述内容及过程构成了管理会计职业能力框架的胜任能力标准结构。

三、能力领域

本书所谓能力领域即管理会计应用领域，是指管理会计职能活动以及管理会计师角色活动所适用的管理功能领域。根据财政部已经颁布的《基本指引》和《应用指引》以及财政部未来拟继续颁布的应用指引的内容，结合北京国家会计学院相关研究成果②，借鉴英美等国家管理会计职业管理机构所界定的管理会计应用领域与具体任务，本书将管理会计能力领域划分为8个领域，即公司治理、战略管理、管理控制与预算管理、营运管理、财务资源管理、绩效管理、

---

① 本章的图式均参考 Birkett, W. P., M. R. Barbera, B. S. Leithhead, M. Lower, and P. J. Roebuck, *Competency Framework for Internal Auditing* (CFIA). Vol. 3, (Altamonte Springs, FL: The Institute of Internal Auditors Research Foundation, 1999) 中相关图，但根据研究需要进行了调整。

② 北京国家会计学院：《管理会计概念框架研究》，财政部课题，2016年。

管理信息系统、风险管理。

四、能力要素

能力要素是指各个能力领域所开展的一系列工作任务（活动），这些工作任务（活动）的完成是达到特定能力领域业绩结果的充要条件。

五、业绩标准

业绩标准是能力要素所对应的业绩标准，具体是指职业表现（包括管理会计职能表现和管理会计师个人表现）要达到的要求或结果，这些要求或结果可以表明能力要素是否胜任或实现。

六、个人特性

个人特性是指管理会计师个人的认知技能和行为技能，这些技能是确定胜任管理会计师工作表现的必要条件。

根据以上的定义，胜任能力标准就是为实现有效的管理会计师实务或工作而制定的参照标准，它通过规定管理会计职能工作所需达到的水平及其在实现该业绩水平过程中对管理会计师个人特性的要求，将能力与实务或工作联系起来。能力标准与实务或工作的关系如图4-2所示。

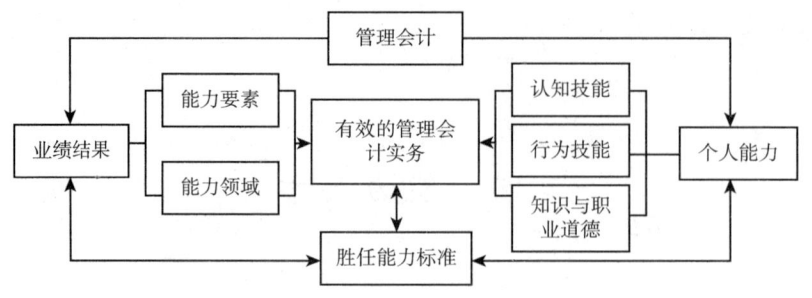

图 4-2 胜任能力标准与有效实务

七、有效的管理会计实务与胜任能力标准

在本书中所说的"有效的管理会计实务"（以下简称"有效实务"）要满足如下三个要求：第一，通过完成一系列不同层次的工作任务（领域、要素）实现管理会计职能目标，结果表现为达到一定标准的工作业绩；第二，在实现工作业绩的过程中需要称职的或具备胜任能力的管理会计师个人参与，这些参与者要具有一定的认知技能和行为技能；第三，所有这些理想的要求体现在规范的胜任能力标准体系中。因此，有效实务就是满足胜任能力标准的工作任务和个人从事的实际工作；胜任能力标准描述了什么是有效实务，有效实务则是胜任能力标准的综合体现。

八、有效实务与胜任管理会计师

有效实务反映了符合胜任能力标准的管理会计师团队努力的综合结果，而且是由不同阶段成果组成的。管理会计工作不同阶段成果是由多层次不同的工作任务实现的，团队中根据能力、经验等的不同，不同参与者被分配以不同的角色，承担不同层次的任务。因此，对于每个个体而言，也应有具体的能力标准要求，以确保其工作符合管理会计任务的总体要求。这意味着，只有当与作为综合成果的有效实务相联系时，"胜任管理会计师"的概念才会存在，对两者的规定就构成了能力标准的主要内容。

九、关键角色

在本报告中,我们将有效实务的不同层次业绩要求与胜任管理会计师对应起来,根据胜任管理会计师所承担的责任、相应的权利以及对于工作业绩的要求与期望不同,对管理会计师的关键角色进行界定。在对角色识别时,还蕴涵着对理解力(或知识)的要求;这种理解力(或知识)是具备高效、卓越工作表现的必要条件。根据中国管理会计实践的特点,在管理会计任务完成过程中主要有三种或三个层次的关键角色:初级管理会计师、中级管理会计师和高级管理会计师。这三者之间的相互作用与合作,共同达成有效实务。根据上述定义的能力要素,每一能力要素的各层次任务,要由不同的关键角色来承担。管理会计胜任能力标准结构如图4-3所示。

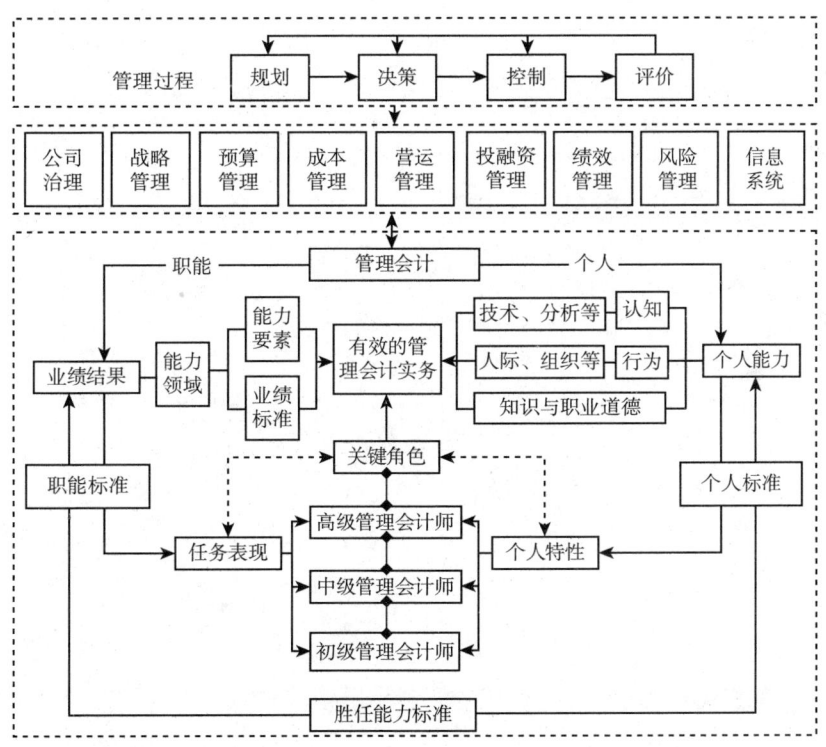

图4-3 管理会计胜任能力标准结构

小　　结

综上所述，管理会计在其能力领域开展各项工作任务/活动，而每项任务都是由不同关键角色按照业绩标准完成的。由于不同角色，具备不同能力，承担不同责任，拥有不同权利，因而对担任不同关键角色的个人有不同的特性要求。因此，管理会计胜任能力标准可以从任务表现（业绩结果）和担任关键角色的个人特性两个方面进行描述。图4-3表明，胜任能力标准结构有两个维度，即职能和个人，并分别表现为业绩结果和个人能力，两者的共生保证了有效实务。在具体构建标准框架时则从任务表现和个人能力展开，以三个关键角色为主线分类描述。

第五章 中国管理会计师胜任能力：标准建立的逻辑基础

一、管理会计能力领域建立逻辑

根据财政部《指导意见》的定义，管理会计是利用相关信息，有机融合财务与业务活动，为单位的规划、决策、控制与评价等活动的有效开展提供服务。因此，管理会计的职能是为实现管理会计目标而开展管理会计活动的各种功能领域。根据前文所述，管理会计职能是由管理职能活动驱动的，而且与管理职能活动是伴生的、互动的，管理活动走到哪里，管理会计的服务功能就要跟着发挥到哪里，同时按照管理意图或管理目的，提出对管理会计信息及其工具与方法的需求。因此，管理活动体现在具体管理职能领域，管理职能领域驱动管理会计职能（管理会计的活动领域），进而决定管理会计胜任能力结构中的能力领域及其要素，其基本逻辑如图5-1所示。

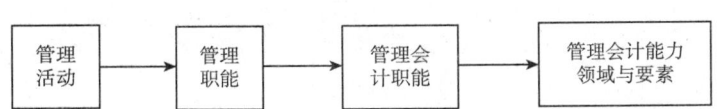

图 5-1 管理会计能力领域及要素的确定逻辑

如前文所述，根据管理会计的职能领域，管理会计的能力领域包括8个领域,即公司治理、战略管理、管理控制与预算管理、营运管理、财务资源管理、绩效管理、管理信息系统、风险管理。

二、管理会计能力要素及其业绩标准的建立逻辑

有效的管理会计实务决定了管理会计能力要素及其业绩标准。其建立的基本逻辑思路如下:

财政部《指导意见》关于管理会计的定义,清楚地界定了管理活动的范畴,即指单位的"规划、决策、控制、评价"及其闭环管理过程,每一管理活动的环节及其实施均反映在具体的管理职能领域。按照前文提出的管理会计能力领域的建立逻辑,管理活动实务是通过具体的管理职能活动表现的,这些管理职能活动驱动了管理会计职能领域,进而决定管理会计能力领域。每一能力领域是通过具体能力要素及其业绩标准来表现,即每个能力领域都有其核心活动,管理会计实务中表现为各项工作任务,每项任务的达成都有对应的业绩标准。而有效的管理会计实务则是按照业绩标准,通过运用合适的工具方法,提供各项管理职能活动的管理者所需要的相关信息,并以此保证和实现管理活动有效性的过程。因此,根据这一逻辑,在管理会计的每一能力领域开展实务活动的能力要素(核心活动/任务的集合)及其提供的信息内容与可选工具方法、业绩标准的基本关系如表5-1所示。

表 5－1 管理会计能力结构：能力领域、能力要素与业绩标准的逻辑关系

能力领域	业绩标准	能力要素		
		工作任务（核心活动）	提供相关信息	选择相关技术、工具与方法
单位（公司）治理与价值管理	通过股东大会、董事会和总经理之间的权力制衡，实现利益相关者的利益平衡	■ 运用合适的技术方法，提供经理人（代理人）相关信息及其评价依据 ■ 支持单位建立外部与内部受托责任并监督管理履行过程，评价履行结果 ■ 管理对外报告 ■ 管理利益相关者责任履行，评价社会责任履行报告	■ 经理人（代理人）偏好、职业能力、职业需求、职业操守与职业道德等 ■ 薪酬水平或标杆、职业市场价值 ■ 企业整体绩效信息（报告绩效信息） ■ 企业财务报告报告整合报告 ■ 社会责任信息 ■ 环境责任信息 ■ 投融资机会、风险与资本成本、效益等信息 ■ 股东价值变动信息等	■ 基于经济学契约理论、博弈理论和激励机制理论的经理人选择、激励合同设计方法 ■ 基于管理学激励理论的业绩合同、激励合同设计方法 ■ 基于市场增加值（MAV）的业绩评价 ■ 基于会计盈利能力（EVA）的绩效评价 ■ 企业整合报告系统 ■ 环境管理会计报告 ■ 社会责任报告
战略管理	审视环境，寻求机会，制定规划，明确方向，争夺和调用资源	■ 建立情报系统，评估外部环境、竞争对手、产业周期和内部资源条件 ■ 帮助单位制定并实施战略规划，选择竞争战略 ■ 支持市场定位与商业模式的选择 ■ 开展盈利性管理 ■ 分析价值链，评估战略成本和竞争优势 ■ 从财务角度评估重大投资、融资决策	■ 竞争环境信息 ■ 竞争对手信息 ■ 企业表内与表外资源信息 ■ 产品、客户、渠道盈利能力信息 ■ 竞争战略类型及其风险、优势信息 ■ 不同产业周期阶段的财务特征及其对应的财务特征信息 ■ 供应链（价值链）各环节的边际贡献信息等	■ PESTEL 分析方法 ■ 五力模型分析方法 ■ 资源基础战略分析方法 ■ 核心能力战略分析方法 ■ SWOT 分析 ■ 全价值链市场定位方法 ■ 全价值链战略分析方法 ■ 目标市场定位方法 ■ 贡献毛益分析方法 ■ 不同竞争战略条件下要素分析方法 ■ 投资项目财务评估、投资回收期法（资本预算）方法，如净现值法、内含报酬率方法、投资报酬率方法（CAPM，WACC等） ■ 资本成本计量方法 ■ 资本结构杠杆确定方法 ■ 财务风险管理 ■ 战略地图 ■ 平衡计分卡

续表

能力领域	业绩标准	能力要素		
		工作任务（核心活动）	提供相关信息	选择相关技术、工具与方法
管理控制与预算管理	有效将战略规划分解为经营目标和指标，有效进行经营决策，下达经营运营标准，合理配置资源	■ 根据战略规划进行具体业务规划 ■ 根据业务规划确定经营计划与目标 ■ 将经营目标转换为具体经营业绩指标 ■ 建立业绩标准与控制标准 ■ 进行利润规划、生产成本决策、定价决策、日常相关成本决策 ■ 建立分权管理体制以及与之相适应的责任会计体系 ■ 根据战略规划和业务规划，实施全面预算管理 ■ 建立并实施正式的管理控制系统	■ 管理控制环境信息 ■ 责任中心类型信息 ■ 责任中心业绩评价信息 ■ 全面预算管理过程各个要素及其活动信息 ■ 管理控制系统的设计与运行机制等信息	■ 战略目标分解：战略地图驱动的 KPI 法 ■ 责任中心的设计 ■ 成本中心业绩评价：投入产出比 ■ 利润中心业绩评价：贡献式损益表法 ■ 投资中心业绩评价：ROI、EVA 法 ■ 内部转移定价方法 ■ 全面预算管理过程各个阶段的技术方法 ■ 滚动预算与预测 ■ 盈亏平衡分析法 ■ 贡献毛益分析法 ■ 差异分析法 ■ 战略、全面预算与绩效评价体系的整合：平衡计分卡法
营运管理	按照管理控制的目标和标准，高效地执行供、产、销经营业务，具体作业环节使所配置的资源得以最有效的利用	■ 建立以战略为导向的运营管控系统 ■ 在精益企业理念下开展精益化管理 ■ 优化业务流程，建立全价值链管理流程 ■ 管理再造机制，提高稀缺资源利用率 ■ 按照业务标准，接受标准指令；设计业绩标准；执行作业标准；记录作业结果；反馈信息；实施持续改进	■ 以企业核心价值链（供、产、销过程）和企业内部关键业务为基础的各个环节的计量、记录、分析与报告流程 ■ 业务流程再造与价值流报告信息 ■ 稀缺瓶颈资源的计量与报告信息 ■ 运营层面的业务 KPI 和财务 KPI 等信息 ■ 运营业务标准和管理标准信息 ■ 业绩差异、反馈信息等	■ 精益企业生产成本管理 ■ 价值流程成本分析 ■ 消除浪费现场成本分析 ■ 利润规划与目标成本法、盈亏平衡分析法 ■ 产品生命周期管理与生命周期成本法 ■ 作业管理与作业成本法 ■ 质量管理与质量成本法 ■ 存贷控制法 ■ 生产能力成本管理 ■ TOC（瓶颈管理） ■ JIT 管理理念与方法 ■ 边际贡献分析法 ■ 标杆法等

第五章 中国管理会计师胜任能力：标准建立的逻辑基础

续表

能力领域	业绩标准	能力要素		
		工作任务（核心活动）	提供相关信息	选择相关技术、工具与方法
绩效管理	根据战略目标，合理设定绩效指标，有效驱动业绩达成的行动过程，客观正确地评价业绩结果，保证激励公平、有效	■ 战略导向的绩效目标的设计与管理 ■ 管理整企业整体绩效目标、各个责任中心的绩效目标和个人绩效目标的一致性 ■ 战略导向的绩效规划与约束机制设计与管理 ■ 制定绩效评价机制，保证绩效管理控制过程与评结果推进绩效持续改善 ■ 运用人力资源/资本管理的成本效益分析 ■ 开展人力资本投资的成本效益分析	■ 行业绩效标准信息 ■ 标杆单位绩效标准信息 ■ 可比企业绩效标准 ■ 战略目标规划与经营计划、经营指标信息 ■ 各个责任中心以及单位总体的预算标准的制定、执行与结果分析信息 ■ 各类责任中心以及单位总体的绩效合同管理历史信息 ■ 人力资源外部市场与内部资源需求与供给信息 ■ 人力资源的取得、使用、解退成本信息 ■ 重要人力资本投资的成本效益信息等	■ 企业整体绩效评价工具，如EVA为核心评价体系、平衡计分卡 ■ 分部（责任中心）业绩评价方法 ■ 内部转移定价方法 ■ 内部报告/差异报告分析 ■ 人力资源成本计量 ■ 薪酬方式与激励方法 ■ 关键指标法（KPI法） ■ 多核柱法
财务资源管理	优化财务资源配置，提高财务资源使用效率与效果	■ 建立资金管理体系 ■ 管理并不断优化投融资结构 ■ 合理实施境内外税务规划和纳税筹划 ■ 合理运用衍生金融工具进行套期保值	■ 与资源的物理流程伴生的资金流动与价值信息 ■ 与决策过程对应的资金流动与价值信息 ■ 与人力资本取得、聘用过程对应的资金流动与价值信息 ■ 套期保值结构设计与价值变动信息 ■ 国内经营中的会计与税务管理政策与制度信息 ■ 跨国经营中的会计与税务管理政策与制度信息等	■ 大司库管理模型与方法 ■ 资金期限结构管理模型 ■ 现金流管理方法 ■ 最佳资本结构的确定方法 ■ 最佳营运资金管理模型 ■ 人力资源定价方法 ■ 供应链关键资源筹划技术方法 ■ 国内纳税筹划技术方法 ■ 国际间转移定价与纳税筹划技术方法 ■ 外汇风险管理技术方法 ■ 衍生金融工具与套期保值技术方法等

续表

能力领域	业绩标准	能力要素		
		工作任务（核心活动）	提供相关信息	选择相关技术、工具与方法
风险管理	以最小的成本获取单位供、产、销过程管理各个环节，人、财、物、信息与技术等各种资源最大的安全保障	■ 运用企业风险识别、估测、评价和选择处理风险的手段，设计管理计划 ■ 根据风险管理计划的实施方案，并制定风险处理技术方法 ■ 处理风险的业务方面进行组织，分配各种风险职务调整等方面进行组织 ■ 对风险处理计划进行解释、判断，传达计划方案，交流信息和指挥活动 ■ 对风险处理计划执行情况的检查、监督、分析和评价	■ 风险环境信息 ■ 风险类别信息 ■ 风险计量信息 ■ 风险评估信息 ■ 内部控制评价报告信息 ■ 内部审计与外部审计报告信息	■ 各种适用的风险管理框架 ■ 风险管理矩阵 ■ 风险管理热图 ■ 风险计量技术方法 ■ 风险评估和处置方法 ■ 风险管理效果评价框架与技术 ■ 内部控制审计框架、技术方法
管理信息系统	实现以决策支持和管理控制为导向的信息共享，提高相关信息获取、处理和使用效率	■ 建立并实施信息系统战略 ■ 整合单位内各种业务资源与管理资源体系 ■ 建立并实施财务共享服务管理 ■ 运用新的IT技术（如云计算、大数据、商业智能BI）建立高效管理信息运作平台，有效支持单位的规划、决策运营，控制与评价活动	■ 基于内外环境的情报信息（情报系统） ■ 基于经营活动的业务信息（ERP系统） ■ 基于会计活动的财务信息（会计系统） ■ 基于财业融合的整合信息（共享中心） ■ 决策支持、控制支持和商业智能分析报告信息等	■ 成本管理系统 ■ 基于ERP的管理会计系统 ■ 财务共享服务支持协议 ■ 管理决策支持系统 ■ 预算与绩效管理集成系统 ■ 可视化控制平台，如管理驾驶舱等 ■ 以数字化（大数据）为基础的管控系统平台 ■ 商业智能（BI）分析系统

第六章 中国管理会计师胜任能力：标准的建立

根据图 4-3 和表 5-1 所提供的标准结构，胜任能力标准的制定可分为两个层面，即管理会计的职能层面（以下简称"职能层面"）和管理会计师的个人层面（以下简称"个人层面"）。每个层面的任务，都由不同能力或业绩水平的关键角色承担。根据前文的讨论，开展管理会计活动，完成具体工作任务的关键角色分为三个级别：初级管理会计师；中级管理会计师；高级管理会计师。其业绩能力水平要求如下：

1. 初级管理会计师

初级管理会计师应具备独立处理管理会计信息，辅助完成管理会计工作领域的某项管理会计的具体任务的能力水平，要求较为系统地掌握管理会计原理和专业知识及其基本技能与方法，熟悉管理经济学、管理学的基本原理，熟悉成本会计、财务会计、管理会计、财务管理、税务管理、风险管理与内部控制等的基本原理以及基本的财经法律制度环境等。

按照初级管理会计师能力标准的要求，以"应知应会"能力为基本目标定位，通过学习初级管理会计师专业能力所需掌握的管理会计基本知识、基本技能与职业道德，培养能够胜任独立处理管理会计信息，辅助完成管理会计工作以及某项具体任务的管理会计人才。

2. 中级管理会计师

中级管理会计师应具备独立负责并组织开展某一领域管理会计活动，完成相应的一系列工作任务的能力水平，要求较为系统地掌握管理会计各个应用领域所涉及的模型、技术、工具和方法及其应用流程与技巧,在完成管理会计工作任务过程中,能够整合运用经济学、管理学以及会计与财务专业等相关领域的模型与工具方法,按照绩效标准,解决支持管理决策与控制的实务问题。

按照中级管理会计师能力标准的要求,以"善管善用"能力为基本目标定位,通过学习中级管理会计师专业能力所需掌握的管理会计核心知识、关键技能与职业道德,培养能够胜任独立负责、组织开展某领域管理会计活动,完成相应的一系列工作任务,为单位提供决策支持与有效实施管理控制工作的管理会计人才。

3. 高级管理会计师

高级管理会计师应立足战略导向,前瞻性管理变化,具备独立领导和组织开展本单位管理会计各个应用领域的工作及其各项任务的能力水平,要求全面、系统掌握和熟练运用管理会计的高级方法,融会贯通经济学、管理学、会计与财务专业、财经法律制度等领域的相关专业知识与工具方法,指导、指挥、组织完成复杂的管理会计任务,为单位全面解决问题提供专家意见和专业化的咨询方案,针对单位所面临的新环境和新变革提供前瞻性建议或解决方案。

按照高级管理会计师能力标准的要求,以"运筹帷幄"能力为基本目标定位,通过学习高级管理会计师专业能力所需掌握的前瞻性管理会计知识、技能与职业道德,培养能够胜任以战略为导向,具备前瞻性管理变化能力,能够独立开展、指导、指挥、组织完成复杂的管理会计任务,为单位全面解决管理问题提供前瞻性建议或解决方案的管理会计人才。

下面我们根据财政部《指导意见》《基本指引》和《应用指引》,结合中国管理会计实践,借鉴国外管理会计职业机构的经验,分别从职能层面和个人层面尝试性建立管理会计(师)胜任能力标准。

一、胜任能力标准：职能层面

管理会计职能层面的能力标准主要包括8个能力领域，即单位（公司）治理与价值管理、战略管理、管理控制与预算管理、营运管理、财务资源管理、绩效管理、风险管理和管理信息系统；每个领域都有若干关键工作任务；每项任务都有不同的关键角色对应的能力水平要求。严格来讲，一个能力领域就是某一管理职能工作所要求的功能性任务，能力要素形成一个能力领域的子集，定义了在建立能力的过程中需要评估的内容。

为了更充分地体现能力标准的本质内容，也为了增强职业标准的可理解性，我们为管理会计的每一能力领域定义一系列关键任务。关键任务实际上是告诉管理会计师具体做些什么，业绩标准是评价任务具体完成情况的准绳，为能力评估提供了基础依据。具体任务的承担者是上述三类具有不同能力、经验、权利、责任的关键角色，即初级管理会计师，中级管理会计师，高级管理会计师。基于以上思路，管理会计职能层面的胜任能力标准如表6-1所示。

二、胜任能力标准：个人层面

个人层次的能力标准集中表现为认知技能和行为技能这两个方面的个人特性。根据作者的调查结果，个人特性具体细分为六方面的技能要素，即个人能力要素。由于个人技能和职业道德部分主要涉及管理会计师在职业/执业过程中的内在品质要求以及法律法规、自律性约束等，这两项技能无须区分等级，其他技能依然按照三个等级的管理会计师进行能力标准描述，具体如表6-2所示。

表 6-1　管理会计职能层面的胜任能力标准

- 能力领域（一）：单位（公司）治理与价值管理
- 绩效标准：建立有效的治理结构，有效履行社会责任和报告义务，保证实现各个利益相关者的利益均衡

能力要素（关键任务）	关键角色		
	初级管理会计师	中级管理会计师	高级管理会计师
1. 运用合适的技术方法，提供经理人（代理人）相关信息及其选择、监督、激励与履约评价依据	■ 理解治理结构及其对利益相关者的作用 ■ 能够收集、选择和处理治理活动相关信息 ■ 理解有关单位（公司）治理的原则与制度 ■ 理解内外部审计对治理有效性的影响	■ 分析、评估治理结构中的利益相关者诉求 ■ 理解经理人（代理人）偏好，评析其职业诉求、职业操守与职业道德等职业薪酬水平 ■ 充分理解经理人（代理人）激励机制与约束、监督的重要性，为操作性评估、并对机制设计的理论模型进行评估，为操作性设计提供依据	■ 评估单位（公司）治理的有效性 ■ 识别和监督治理最佳实践，推进单位（公司）治理不断改进 ■ 基于经济学、管理学、行为学等理论的激励模型，向董事会推荐可实现的经理人（代理人）业绩评价方案 ■ 激励与监督经理人（代理人）业绩评价方案
2. 支持单位建立外部与内部受托责任并监管履行过程，评价履行结果	■ 理解受托管理责任和受托财务责任的内容与形式 ■ 理解受托责任履行程序和评价的基本方法	■ 运用技术方法评价受托责任合同签订、履行的合理性，以及履行结果的有效性	■ 推荐受托责任评价的关键指标体系 ■ 协助董事会评价相关利益分配的公平性
3. 管理对外报告	■ 理解对外财务报告的要素 ■ 理解财务报告的合规性要求 ■ 协助编制对外报告和提交报告 ■ 理解单位社会责任履行过程及其对社会影响的结构和要素	■ 按照会计准则和监管制度要求，准确、完整地编制对外财务报告 ■ 按照监管和社会责任要求，准确、完整地编制社会责任报告、环境会计报告 ■ 评价各类对外报告的社会影响及其性质，识别、分析潜在的合规与社会责任问题并提出解决建议	■ 确保对外报告的完整性、准确性和完备性 ■ 提供自愿性披露的政策选择与方案 ■ 就相关会计政策与会计选择做出符合职业道德的选择 ■ 评估对外报告政策和披露选择对社会广泛影响，确保组织合乎法、合规，创造共担社会责任的组织文化

第六章 中国管理会计师胜任能力：标准的建立

续表

能力要素（关键任务）	关键角色		
	初级管理会计师	中级管理会计师	高级管理会计师
4. 管理利益相关者的价值	■ 理解各个利益相关者的价值目标 ■ 理解影响价值目标的财务与非财务驱动因子（价值动因） ■ 理解各种价值管理方法的基本用途和使用过程 ■ 收集、处理价值动因相关的数据和信息	■ 分析、评价各种价值管理方法及其使用对不同利益相关者价值诉求的影响 ■ 根据不同情境，选择适用的不同方法对单位（公司）价值进行计量和评价 ■ 建立单位价值管理流程，管理价值动因，分析、解释和报告价值信息	■ 融合各种价值管理模型提供的价值评估方法，为单位（公司）建立价值管理政策 ■ 评价价值评估方案的后果，通过价值管理策略，维护或保持利益相关者期望的价值目标 ■ 推荐单位（公司）价值增长方案，保证价值分配的均衡与公平

- 能力领域（二）：战略管理
- 业绩标准：有效地评估环境、明确目标、制定规划、选择方略，争夺和调用资源

能力要素（关键任务）	关键角色		
	初级管理会计师	中级管理会计师	高级管理会计师
1. 建立情报系统，评估外部环境、竞争对手、产业周期和内部资源条件	■ 理解情报系统的作用、收集、处理相关信息 ■ 了解外部环境，竞争对手以及相关事件对单位的产生的影响 ■ 了解并理解单位战略方向与产业周期的基本状态，关注不确定环境下的风险分析 ■ 熟悉环境分析、竞争分析、内部资源分析的基本方法，协助团队完成战略分析的评价工作	■ 分析单位所面临的更加广泛的环境，评价大环境活动对单位的特征及其全面影响 ■ 分析不同产业周期阶段的特征、评价其对应的财务特征，评价单位在特定周期阶段的优势、劣势及其风险 ■ 利用SWOT分析工具，全面分析外部环境和内部条件，向高层者提供内外环境分析报告，建议解决风险威胁激励方案	■ 组织和领导团队在广泛的环境中，关注并评估重大风险事件或要素对单位战略及其整体商业定位和计划的影响 ■ 应用复杂分析技术，如PESTEL分析、五力分析、核心能力分析、全价值链分析等，分析评价单位所处的竞争条件和影响力 ■ 推荐适应单位资源技术组织条件的未来关键战略备选战略方案 ■ 识别并利用机会，关注单位层面，带领团队应对并推动变革

续表

能力要素（关键任务）	关键角色		
	初级管理会计师	中级管理会计师	高级管理会计师
2. 帮助单位制定战略规划，选择竞争战略	■ 理解单位目标与战略规划的关系； ■ 理解个人目标与战略规划的关系； ■ 了解单位（公司）及战略规划与经营单元战略规划的质性关系； ■ 了解战略规划的基本流程，协助团队完成两级战略规划的具体任务	■ 运用战略规划的模型与方法，提供可选化规划方案； ■ 评价单位总层面（公司层面）的发展战略，相关多元化战略（如专业化战略等）的管理特性，财务特性及战略规划相适用的财务规划； ■ 分析评价经营单元具体竞争战略（如低成本战略，差异化战略，维持、收获、增长、剥离等）的优势、风险和适用条件，提供战略选择的建议	■ 在广泛的、充满不确定性的环境中，向高层管理者推荐各种战略规划方案； ■ 全面管理规划提供具有内在一致性的财务规划方案，平衡管理短期目标和长期目标，确保单位战略资源需求，为战略规划的资源配置和财务资源的合理配置
3. 支持市场定位与商业模式的选择，开展盈利性管理	■ 理解商业模式和市场定位的关系，了解其影响要素； ■ 理解盈利性管理及盈利性分析的方法； ■ 协助团队完成盈利性分析工作	■ 分析市场环境，确定单位目标市场及其客户； ■ 分析、评价单位市场定位、盈利模式与单位资源和组织条件的匹配性； ■ 建议商业模式的选择方案； ■ 运用具体分析技术（如贡献毛益等）计量、确认单位产品、作业成本分析和盈利能力和盈利结构，为单位进行产品决策、客户管理和渠道管理提供决策支持报告	■ 系统分析、评价市场定位、拟选商业模式机会，尽可能洞察风险，降低风险； ■ 领导团队综合应用不同分析技术，为复杂的市场结构、商业模式、业务结构、成本费用结构、对应的收入结构管理、利润结构管理问题提供全面解决方案

续表

能力要素（关键任务）	关键角色		
	初级管理会计师	中级管理会计师	高级管理会计师
4. 分析价值链、评估战略成本和竞争优势	■ 识别行业、单位和单位（企业）内部价值链的构成 ■ 了解各种价值链分析方法及其计量方法 ■ 理解战略成本结构所决定的战略成本管理和盈利能力分析与计量 ■ 协助团队完成价值链各环节的资源管理和流程	■ 分析评价不同层次的价值链，利用贡献毛益分析、目标利润规划等技术，计量各价值链各环节的资源占用效率、边际利润贡献能力 ■ 以计量结果为基础，结合SWOT分析等技术，确定单位（企业）在价值链各个环节是否具有优势，为单位决策、定价决策提供依据 ■ 针对战略决策方案，分析和管理战略成本动因（结构性动因和执行性动因等），以保证单位的竞争优势地位	■ 领导和组织团队对价值链进行全面分析评价，以提供战略推荐单位（企业）做出纵向一体化战略决策、流程改进决策、竞争战略选择（低成本、差异化等战略）、外包决策、战略联盟决策等的方案 ■ 在企业边界环境内部，转向企业边界以外的上游、下游，向战略决策者提供将成本管理视角由专注企业边界整个供应链以外的上游、下游整体分析，解决成本分析、竞争优势来源分析的方案，解决战略决策中的盲目性
5. 从财务角度评估重大投资、融资、并购与重组等战略决策	■ 理解投资、融资战略对公司发展的重要性 ■ 熟悉投资战略分析、融资战略决策和并购重组相关的基本方法和技术 ■ 协助团队完成相关的尽职调查、"成本-效益"测算、分析工作	■ 评估投资、融资和并购重组战略决策对公司的广泛影响 ■ 运用相关技术（如净现值法、内含报酬率法、投资回收期法等）对投资项目的财务可行性进行测定，并提供决策支持报告 ■ 运用相关技术方法，（如资本成本计量方法（CAPM、WACC等），资本结构效益，并提供决策支持方案 ■ 管理融资方案相关的成本效益，并提供决策支持方案 ■ 以单位（企业）发展、增长目标为依据，对并购重组项目的估值、交易结构、交易对价、交易双方动机以及财务能力与财务渠道进行分析和研究，对结果进行解释和报告 ■ 管理尽职调查流程，参与相关谈判活动	■ 系统评价重大投融资决策、并购重组战略决策和重大并购重组项目决策与单位（企业）长远目标和战略规划的一致性，系统评价该决策的合理性和优先性 ■ 担任重大投融资战略、指导决策、交易全过程的设计与实施 ■ 为项目谈判提供全方位的财务领域的支持 ■ 对上述重大决策组管理项目后评价

续表

能力要素 （关键任务）	关键角色		
	初级管理会计师	中级管理会计师	高级管理会计师
6. 有效实施战略，并对结果进行评价	■ 协助团队完成战略实施的各项指令 ■ 执行战略实施过程	■ 根据战略规划，确定年度计划 ■ 将战略目标分解为各个部门和业务单元的绩效目标 ■ 制定战略实施政策与机制，推进战略执行和监督战略执行过程 ■ 对战略执行结果进行分析评价，报告差异结果，提供改进下一周期的战略建议	■ 综合运用战略管理工具，如战略地图、平衡计分卡、KPI管理等，为战略实施提供系统的、全局性管理流程、行动方案和预算方案 ■ 在单位（企业）实施资源配置方案和内部建立战略沟通机制，不断审视战略风险，提出应对方案 ■ 应用丰富的经验和洞察力，提供动态战略调整和改进方案或建议

■ 能力领域（三）：管理控制与预算管理
■ 业绩标准：有效将战略规划目标分解为经营目标和指标，有效进行经营决策，下达运营管控标准，运用预算管理，合理配置资源

能力要素 （关键任务）	关键角色		
	初级管理会计师	中级管理会计师	高级管理会计师
1. 根据战略规划与经营业务规划和经营目标确定具体经营计划	■ 理解战略规划与经营计划的区别和联系 ■ 理解战略经营目标的区别和联系 ■ 理解经营计划的范围、层级和内容 ■ 协助团队编制经营计划	■ 将战略规划按照时间维度分解为年度目标 ■ 根据年度目标编制经营计划（包括总体、部门、业务单元等不同责任主体的经营计划）	■ 按照战略规划，制定战略资源配置经营资源配置计划（企业） ■ 指导单位（企业）各个责任主体制定年度的资源配置计划 ■ 提供资源配置优化改进方案
2. 将经营计划转化为具体经营绩效指标，建立绩效标准与控制标准	■ 理解经营绩效及其标准 ■ 协助团队完成标准的建立 ■ 理解控制流程和机制	■ 根据经营目标分解的KPI，确定具体经营指标（定量反定性） ■ 建立经营指标标准 ■ 建立管理控制标准	■ 设计与战略目标一致性的绩效管理机制和目标管理流程 ■ 设计达成经营目标的控制标准机制

续表

能力要素（关键任务）	关键角色		
	初级管理会计师	中级管理会计师	高级管理会计师
3. 建立分权管理体制以及与之相适应的责任会计体系	■ 理解复杂组织分权管理 ■ 熟悉责任中心的类型 ■ 协助团队完成责任中心的业绩评价方法以及不同责任中心的设计和评价	■ 根据目标一致性原则，按照业务和管理权限的不同，为单位建立责任中心或责任主体，包括成本中心、费用中心、收入中心、利润中心和投资中心等 ■ 设计、选择各类责任中心的业绩评价指标和评价方法 ■ 运用转移定价的技术方法，制定内部转移定价 ■ 提供各类责任中心的业绩分析报告，提出业绩改进方案	■ 高度关注责任中心的划分与战略目标的一致性 ■ 提供或推荐内部转移定价政策和方案，以保证内部激励的公平性 ■ 向运营部门下达管理控制的标准和标准机制 ■ 设计正式管理控制系统及其运行机制
4. 实施全面预算管理	■ 理解全面预算管理的流程 ■ 熟悉预算编制的各种方法 ■ 协助完成预算的准备、编制、执行、调整、分析、考核等工作 ■ 执行预算管理指令	■ 建立全面预算管理流程 ■ 推荐适用单位特定情境的预算编制方法（如弹性预算、滚动预算、作业预算、零基预算） ■ 运用相关工具和方法，在预算的编制、执行、调整、监控、分析与反馈等各个环节独立完成预算工作 ■ 编制预算差异报告，评价预算执行效果，设计预算结果与绩效激励系统的对接机制 ■ 针对重大投资，编制资本预算，并对投资项目进行后评价 ■ 提供全面预算管理报告	■ 根据战略规划和经营资源配置计划，制定全面的资金计划和财务计划 ■ 整合预算管理和战略规划流程，将预算管理嵌入战略管理体系（如平衡计分卡），保证战略目标一致性 ■ 运用标杆法、趋势分析法等预测技术，结合预算编制与差异分析，针对复杂业务组织改进提供决策支持和业务流程、资本支出等组织改进的关键信息，通过创新加强预算对业务的影响 ■ 为业务规划、消费行为等组织过程中的问题管理提供战略性建议 ■ 把握行业、市场、消费行为等因素对单位的影响，为全面预算管理提供战略性建议或决策方案

续表

- 能力领域（四）：营运管理（包括成本管理）
- 绩效标准：按照管理控制与预算管理的目标和标准，高效率地执行供、产、销环节的具体作业，运用精益化成本管理方法，实现所配置的资源得以最有效的利用

能力要素（关键任务）	关键角色		
	初级管理会计师	中级管理会计师	高级管理会计师
按照业绩标准，接受标准指令，高效率地执行作业，运用技术工具与方法不断优化业务流程，实施持续改进；分析作业差异，反馈改进结果，改进运营绩效	■ 理解单位所处的行业 ■ 理解价值链（供应链）流程 ■ 具备独立开展成本会计（成本核算）工作的能力 ■ 熟悉各种成本计算的基本原理、方法及其应用流程，如吸收成本法、作业成本法、变动成本法、标准成本法、资源消耗会计法等 ■ 熟悉基于不同成本计算方法成本管理系统的设计与实施，协助团队完成精益成本管理和价值流会计的控制标准和机制 ■ 理解精益化成本管理方法，并协助团队开展流程优化、持续改进工作 ■ 执行管理控制下达的控制标准和机制	■ 对企业核心价值链（供应链）和企业内部关键业务环节（作业链）各个环节进行计量、记录、分析，提供各个价值环节的盈利性评价报告 ■ 在精益企业理念下开展精益化管理，为单位建立全成本管理体系 ■ 以实现绩效标准和控制目标，开展作业分类控制，优化和改进等活动，包括但不限于： • 应用作业成本管理分析方法不断优化作业流程 • 应用生命周期成本管理技术、目标成本管理技术进行目标成本利润规划和成本结构管理 • 应用质量成本管理技术推进全面质量管理 • 应用存货管理技术，优化存货结构，存货周期和存货数量 • 管理生产能力成本，为优化生产排成本效益分析 • 应用瓶颈资源管理方法有效管理运营稀缺资源等 ■ 应用相关成本信息和方法（如增量成本法、差别成本法等）进行经营决策（如自制与外购、接受特殊订单、加工分离点、渠道增减或撤销、建议毛益法、设备或技术更新等） ■ 应用边际分析（贡献毛益法）开展产品、客户、渠道及单位的运营绩效管理优化方案 ■ 编制与上述管理活动相对应的运营绩效管理报告（如作业成本分析报告、质量成本报告、盈利性分析报告等），并进行绩效差异分析与反馈，建议运营绩效改进方案	■ 高度关注战略规划目标、管理控制目标与运营具体目标间的内在一致性 ■ 组织、推动单位建立以战略为导向的运营管控体系 ■ 管理跨职能团队，协调内部各个运营部门之间的关系，沟通外部供应商和客户，提高协同效应 ■ 领导建立与运营层面业务KPI相匹配的财务KPI体系 ■ 领导、推进建立以价值增值为导向的投入产出效率评价机制 ■ 领导、推进建立以价值流管理为导向的价值链管理方案

续表

- 能力领域（五）：绩效管理
- 业绩标准：根据战略规划设定绩效目标与指标，合理设定绩效目标，有效驱动业绩达成的行动过程，客观正确地评价业绩结果，保证激励公平、有效

能力要素（关键任务）	关键角色		
	初级管理会计师	中级管理会计师	高级管理会计师
1. 设定战略导向的绩效目标	■ 理解绩效管理的一般流程 ■ 理解战略规划目标、责任中心目标的关系 ■ 协助制定绩效目标	■ 与高级管理人员沟通、建立团队，参与设定战略绩效要求下的责任中心绩效目标和个人绩效目标，保证目标一致性	■ 管理和阐释战略绩效管理流程的各个方面，依据战略规划推动具有挑战性绩效目标的设定
2. 管理成战略绩效达成过程	■ 理解绩效指标的分解、下达和执行流程 ■ 接受委派绩效目标的设定，主动执行	■ 应用多种工具，如战略地图、KPI管理、棱柱模型等技术，将战略规划目标和战略绩效指标 ■ 应用管理技术，如全面预算管理、EVA管理、平衡计分卡等，将战略绩效指标分解为经营年度指标值，并定义实现经营指标的行动方案 ■ 为各个行动方案的实施编制资源配置计划及预算 ■ 应用相关激励模型方法，建立具有竞争力的薪酬激励制度和约束机制，推进绩效管理达成绩效目标	■ 审视行业竞争状况，高度关注、分析和评价竞争对手对单位建立具有竞争力的薪酬激励政策的广泛影响，推动单位建立和激励体系 ■ 高度重视个人目标与战略目标的一致性，经营目标、责任中心目标的一致性实现商业计划和目标的表现，建立绩效标准，推进战略执行 ■ 重视对标管理，不断推进绩效改进，将有成效的经验转化为绩效最佳实践，在单位内部推广应用 ■ 应用战略整合管理工具，如平衡计分卡，财务目标控制与动因控制，外部需求与内部能力、长期目标指标与短期目标指标的关系，平衡目标和激励资源配置

续表

能力要素（关键任务）	关键角色		
	初级管理会计师	中级管理会计师	高级管理会计师
3. 绩效评价与反馈	■ 理解单位（企业）整体绩效评价指标和方法 ■ 熟悉绩效评价指标和方法 ■ 协助团队完成绩效评价工作	■ 关注责任中心及分部业绩评价和应用流程，选择合适的指标评价中心业绩，提供评价报告，分析差异结果，提出判断偏差措施 ■ 选择行业标准、对标单位（企业）标准，可比单位（企业）标准等，对本单位责任中心效进行结构、趋势和竞争力分析，判断本单位内部的相对绩效水平分析并提供分析的综合结果 ■ 根据绩效结果和外部比较措施实施奖惩 ■ 为本单位提出评价结果的使用建议	■ 在单位与专业业务线的高管配合，组织团队，推进单位与战略人力资源政策与激励机制的建设 ■ 推进建立单位履行承诺、主动进取、风险分担、成果分享、荣誉与共的组织绩效管理文化 ■ 推进建立单位（企业）激励员工成就感、公平感、自豪感、归属感，最大限度地提升员工成功信念和文化氛围，激发其主人翁责任感

■ 能力领域（六）：财务资源管理
■ 业绩标准：优化财务资源配置，提高财务资源使用效率与效果，有效管理财务风险

能力要素（关键任务）	关键角色		
	初级管理会计师	中级管理会计师	高级管理会计师
1. 资金管理	■ 理解资金管理系统 ■ 熟悉现金管理 ■ 理解结算中心、内部银行、财务公司等资金管理体制 ■ 了解单位融资政策 ■ 识别融资需求，协助团队提出融资方案 ■ 执行现行信用标准制度 ■ 协助团队运用信用模型技术评估交易对手的信用风险，预测中短期现金流，设计资金风险管理方案	■ 根据市场变化和单位（企业）的政策调整，提供现金管理方案 ■ 在复杂环境下，针对复杂的商业要求（如集团公司）的资金管理解决方案 ■ 提供现金管理解决方案 ■ 完成外汇现金业务领域相关的监控与报告 ■ 分析与关键业务领域相关的资金风险，设计风险规避方案 ■ 评估资金风险和金融工具措施和策略	■ 识别和利用市场与技术变化趋势，为单位选择、界定未来资金管理解决方案的最佳实践方案 ■ 领导、组织单位资金执行过程和结果，实施有关政策，监督提供实践的战略性见解 ■ 管理特别是大型集团公司设计、实施和推荐资金管理体制模式（如结算中心、内部银行、财务公司等），以最有效地调度和配置资金资源

第六章 中国管理会计师胜任能力：标准的建立

续表

能力要素（关键任务）	关键角色		
	初级管理会计师	中级管理会计师	高级管理会计师
	■ 了解基本金融工具，理解长期和短期融资需求 ■ 理解融资渠道和融资结构 ■ 了解权益融资和负债融资工具及其衍生工具 ■ 了解单位的融资安排 ■ 了解融资结构及投资本结构对公司战略、财务政策及其风险的影响	■ 为相关业务单位或责任中心提供关于资金政策的实施、执行等分析报告和建议 ■ 跟踪市场变化，及时反映其他业务或其他手段的变化趋势，推进本单位资金管理模式、政策和技术手段的变化趋势，效果的改进与创新	■ 从服务单位战略特别是大型集团公司服务集团战略的定位出发，领导、组织导入大司库管理体系，为投资决策、融资决策、经营决策、分配补偿决策和税务筹划提供决策支持和财务技术性管理 ■ 应用大司库管理平台，提供企业风险控制限度（风险容忍度）的制定依据并随时提供企业运营过程中实际风险状况的证据
2. 公司金融		■ 衡量财务投资的绩效 ■ 提出和执行营运资金政策 ■ 预测现金需求，分析应收账款等资产质量，安排短期现金投资 ■ 根据单位营运战略和业务规划，风险容忍和融资工具支持融资安排 ■ 协调债务评级的工作展开，提供融资工具评价报告，为融资方式选择提供决策支持 ■ 计量财务杠杆风险，为最佳资本结构决策提供依据 ■ 管理资本结构，保证单位可容忍的财务风险限度之内 ■ 执行公司套期保值政策与方案	■ 应用高级计量模型，如资本资产定价模型（CAPM）、期权（Option）等，对不同方式的资本融资成本进行计量和定价，提供成本最优的融资结构建议 ■ 对重大专项决策如并购与重组等，进行谈判，推荐交易模式的模型评估机制，保证计量和评价的合理性、先进性 ■ 建立动态投资和融资政策 ■ 沟通、协调、监督与银行、投行和评级机构的关系，保持有效沟通 ■ 建议股利政策 ■ 提供在复杂环境下的营运风险政策，领导制定单位各种金融工具的应用政策和工作流程 ■ 推荐单位应用各种衍生金融工具在国内和国际环境中套期保值的方案

续表

能力要素（关键任务）	初级管理会计师	中级管理会计师	高级管理会计师
3. 税收政策和税务筹划	■ 理解国家税收税制、税征税管等政策 ■ 了解常规税收事项 ■ 编制税务会计原则确认、计量税务 ■ 了解、执行单位现行税收筹划政策与策略	■ 跟踪、理解新的国内或相关国际税法或制度的影响，完整、合规、准则，审批报税，保证其准确，并对相关人员提供技术性指导 ■ 在专业领域内为单位（企业）提供总体税务问题解决方案，并对相关人员提供技术性指导 ■ 根据适用于本国企业和国际税务会计准则或制度对单位（企业）税务性技术问题处理，提供税务处理的建议 ■ 在专业领域对税务稽查和争议进行评估，提供税务处理方案 ■ 对单位常规性税务筹划及其交易实施内部提供支持 ■ 为单位常规性国际转移定价与纳税筹划提供建议	■ 把握税法、税制和各类相关制度的动态，评估变化对单位的影响，为单位提供应对的建议和策略 ■ 识别高风险税务问题提供解决方案 ■ 根据企业改进税务法律、制度、准则的变化，指导单位最佳实践开展工作 ■ 运用最佳实践制定税务政策、策略、标准和方针 ■ 领导重大税务稽查争议或解决问题的解决方案 ■ 就非常规税务筹划进行谈判，提供专业性的技术方法 ■ 综合运用行政相关行政税务政策，为单位事务筹划问题提供解决方案 ■ 主导非常规国际间国际税务筹划政策，为单位常规国际间国际税务筹划问题提供解决方案

- 能力领域（七）：风险管理与内部控制
- 绩效标准：以最小的成本获取单位供、产、销等业务过程和管理过程各个环节，人、财、物、信息与技术等各种资源最大的安全保障，保证单位在经营管理、财务与会计等实践活动的合规性、完整性和控制有效性

能力要素（关键任务）	初级管理会计师	中级管理会计师	高级管理会计师
1. 建立并实施风险管理政策与程序	■ 了解单位风险管理的政策和程序 ■ 执行单位既定风险管理的政策和策略	■ 应用相关风险管理政策与程序应对一般性（相对不复杂的）风险管理事件和问题 ■ 协助相关管理领导者或推进单位风险管理流程的优化、整合与标准化	■ 分析、评估、预测内外环境变化对单位风险监管、政策与流程的广泛影响，提供最佳解决方案 ■ 建立并执行基于某个个有效的风险管理框架

第六章 中国管理会计师胜任能力：标准的建立

续表

能力要素（关键任务）	关键角色		
	初级管理会计师	中级管理会计师	高级管理会计师
2. 识别与评估风险	■ 理解单位的风险类型和组成及其所处基本状态 ■ 协助团队开展风险评估工作	■ 识别单位风险类型 ■ 应用风险计量和评价技术，评估风险对实现单位目标的影响程度和概率 ■ 分析单位面临的经营风险、财务风险，判断风险并执行单位相应的风险查策政策和程序，监督检查政策和程序（或内部控制）的有效状态并提供分析报告 ■ 配合内部审计或外部审计开展工作	■ 建议或提供风险分析评估适用的工具与方法 ■ 组织分析评估单位所面临的实质性风险 ■ 根据环境变化，及时调整实质性风险管理政策，高效地管理单位战略风险 ■ 高度关注单位战略风险应对战略风险评估，推荐降低或调整风险策略的实施 ■ 根据单位战略规划和治理要求，调整单位风险管理政策，推进风险管理的实施 ■ 组织推进建立单位与内外部沟通机制，并会借鉴审计技术，利用审计结果改进单位风险管理（如财政部、国资委或国际框架等） ■ 跟踪风险管理领域的政策、技术变化趋势，分析、评估其对单位的影响并制定整个单位的应对策略
3. 监控、反馈风险管理状态并报告	■ 了解管理具体风险的有效控制状态 ■ 理解风险管理报告并协助团队编制风险管理报告	■ 对风险管理行动的有效性进行监控，并能够解释风险管理应对措施 ■ 设计、编制风险管理报告，并向管理层传递和报告风险流程的执行与结果，提出改进建议	■ 对单位面临的实质性风险推荐应对措施 ■ 对重大突发性风险实施业务连续性管理，建立紧急情况或突发危机时的响应机制 ■ 建议或推荐单位实施危机管理，为单位大范围内的实质性风险创新应对模式提供建议 ■ 解释风险管理报告，并根据专业性知识与经验做出有效决策

续表

能力要素（关键任务）	关键角色		
	初级管理会计师	中级管理会计师	高级管理会计师
4. 内部控制	■ 了解单位所执行的内部控制框架及其与风险管理的关系 ■ 理解具体基于风险的内部控制的政策、方针 ■ 理解有关治理与控制理念与模式 ■ 执行单位内部控制措施，执行内部控制检查流程	■ 协助评估内部控制框架的适用性，并开发和执行实施内部控制流程 ■ 建立并实施内部控制流程，保证内部控制目标的达成 ■ 识别、评价不相容职责设计潜在的风险，并提出补救或解决建议	■ 维护单位治理与控制框架的一致性和完整性 ■ 高度关注基于过程的财务控制框架进行监控和改进 ■ 推进执行单位合规文化建设 ■ 与IT部门深度沟通和协作，保证系统控制措施的有效性并对其补救及时的系统化 ■ 推荐单位适用的标准化的内部控制框架 ■ 建立基于风险的治理框架，应对相对复杂的、非常规控制及IT系统的发展动态，及时建议单位控制及其IT系统的优化等
5. 内部审计	■ 执行审计计划 ■ 编制审计报告的草稿 ■ 支持管理层自我评估活动 ■ 协助团队编制审计计划	■ 编制审计计划，确保合理的审计范围 ■ 准备审计工作计划，确保其聚焦于选定审计领域的实质性风险	■ 解决审计计划相关的重大、复杂和非常规问题，提出或建议审计执行方案 ■ 跟踪审计发展动态、趋势，借鉴最佳实践，推进单位审计不断变革和创新

续表

- 能力领域（八）：面向管理会计的信息系统
- 业绩标准：运用IT技术建立高效、共享的管理会计信息化运行平台，实现对各个管理职能规划、决策、控制与评价的有效支持

能力要素（关键任务）	关键角色		
	初级管理会计师	中级管理会计师	高级管理会计师
1. 信息系统环境	■ 理解单位信息系统环境相关的知识与技术 ■ 依据管理应用和控制标准监督信息系统的有效性	■ 主动推进，开展管理会计的知识管理并在单位内部分享知识，提高系统集约化程度关注单位	■ 高度关注单位战略对信息系统的决定性，评估信息系统与战略的匹配性
2. 信息系统规划	■ 理解单位战略与运营等对信息系统的需求 ■ 参与单位信息系统的需求分析	■ 对单位应用信息系统的智能领域（如成本管理、预算管理、绩效管理、项目管理等）开展系统功能需求分析 ■ 评估战略细节系统对单位战略目标及管理目标的适用性	■ 确认单位的战略目标和管理会计应用目标 ■ 以战略目标为导向，推进信息系统整体规划 ■ 组织建立单位IT治理体系 ■ 评价信息系统的可实现性
3. 信息系统实施与运维	■ 理解信息系统的实施阶段的主要活动，包括项目准备、系统设计、系统实现、测试和上线、运维及支持等过程	■ 建议高效率的技术解决方案，以满足单位商业需求，参与技术开发方（内部或第三方）的沟通、协调机制 ■ 共同制定详细实施计划，有关活动和详细任务的时间进度 （1）在项目准备阶段，按要求完成系统建设前的基础工作 （2）在系统设计阶段，调查单位工作现状和信息化需求进行调查，梳理并优化管理会计应用模型和应用流程，据此设计管理会计信息化的实施方案	■ 从整体上统筹信息资源，审批信息系统实施计划 ■ 关注指导信息系统的整合，包括但不限于与ERP系统、财务系统、OA系统等的整合，减少或消除信息孤岛 ■ 监控系统提供信息，共享信息系统实施的有效性 ■ 关注并监察系统决策支持能力的有效性，建议改进方案 ■ 关注、评估IT开发的数据完整性和访问控制管理，推荐运用新技术 ■ 关注、评估技术解决方案（包括大数据、人工智能等）的整体适用性，改进系统效率

续表

能力要素 (关键任务)	关键角色		
	初级管理会计师	中级管理会计师	高级管理会计师
		■(3)在系统实现阶段,完成管理会计系统功能模块的系统配置、功能和接口开发、单元测试以及数据整理等工作 ■(4)在测试和上线阶段,单位主要应实现管理会计系统功能模块的整体测试、权限设置、系统部署、数据导入、最终用户培训和上线切换过程	■与IT部门合作,确保单位实施新技术的资源配置需要

第六章 中国管理会计师胜任能力：标准的建立

表6-2 管理会计师个人层面的胜任能力标准

- 能力领域（一）：认知技能
- 绩效标准：在特定环境中应用各种分析技能，有效诊断、判断问题，并运用各种技术实现有效沟通和表达信息、思想或观点，推进管理会计在单位的应用和地位的不断提升

能力要素（关键任务）	关键角色		
	初级管理会计师	中级管理会计师	高级管理会计师
1. 分析技能	■ 对管理活动、职能活动有足够的了解 ■ 对组织环境的分析有足够的理解，并配合团队完成环境分析、数据处理等工作	■ 能够独立完成实施数据及其相关信息分析 ■ 能够实施逻辑推理分析，并对发现的问题做出相关性和重要性评估	■ 在缺乏充分数据的情况下实施逻辑推理分析，发现复杂现象背后的问题，对问题的难度和复杂程度进行评价 ■ 引入新的分析技术（如大数据分析技术），建立适应新的环境变化所需要的分析模型
2. 判断技能	■ 对单位所处的环境和自身条件有充分理解 ■ 运用一定的工具方法或技术配合团队完成问题诊断和预测工作	■ 能够实施调查，发现事实，诊断现状，判断复杂形势和环境，提出最佳解决方案 ■ 具备判断潜在机会与威胁的技能，预测结果，预见事物发展趋势	■ 高度关注环境变化，在缺乏数据的情况下，能够判断数据的相关性为的相关性和重要程度 ■ 领导和发展管理会计在组织中的地位与作用
3. 技术技能	■ 具备以书面表达和口头表达的方式清晰有效传递信息的基本能力 ■ 熟练信息处理技术（包括数据库与电子表格等）和统计技术的基础应用方法 ■ 理解与专业相关的基础知识，如组织、战略、运营等一般管理知识	■ 应用各种方式（书面、人际、表达）进行良好、有效沟通 ■ 熟练运用管理会计的专业知识、工具/方法与流程 ■ 掌握应用基本理论知识解决相对复杂和统计技术 ■ 熟练应用高级管理信息处理技术 ■ 具备数据管理能力 ■ 具有有效的演示技能	■ 具有有效的领导、协调、组织能力 ■ 对技术性处理的数据或信息结果的相关性、可靠性和可比性等进行评估和判断 ■ 能够有效地激励团队成员及其成长，营造积极主动、创新进取的文化环境 ■ 具有数据治理规划与组织实施的能力

续表

- 能力领域（二）：行为技能
- 绩效标准：恪守职业道德，通过个人优良的内在品质和人际沟通技巧，有效地在组织内外传递、解释和报告相关信息，有效应对危机，营造组织积极进取、学习创新、高效合作的氛围，不断提高士气和组织效率

能力要素（关键任务）	关键角色		
	初级管理会计师	中级管理会计师	高级管理会计师
1. 个人技能	■ 善于学习 ■ 积极帮助团队或成员 ■ 倾听他人的意见，认可不同观点 ■ 以明确、准确、简洁的语言交互传递相关信息	■ 视野开阔，思维开放，勇于创新 ■ 应对变化，处理压力与挫折 ■ 求知欲强，终身学习 ■ 具备实务管理能力 ■ 灵活、敏锐和环境适应性	
2. 人际沟通技能	■ 理解财务部门和业务部门之间的合作伙伴关系 ■ 根据团队领导或其他相关部门的要求提供相关信息 ■ 分析合作者的需求	■ 善于谈判、联络、合作，能够取得团队和客户信任 ■ 善于倾听、理解、帮助他人，并向他人学习	■ 善于建立和充分利用关系网络 ■ 善于应对和解危机，解决矛盾 ■ 善于引导、指导他人利用各种机会和工具建立有效沟通 ■ 积极获取和分享多样化的信息
3. 组织技能		■ 对单位进行全面诊断并进行解释，提出改进方案（涉及战略、控制、绩效、运营、系统、业务相关流程和风险） ■ 将管理会计功能嵌入单位的各项管理活动中 ■ 充分利用单位资源开展管理会计活动（资源包括组织结构、制度、文化等） ■ 宣传、推广管理会计服务的价值，提高管理会计地位	■ 领导管理会计团队、组织、领导实施管理会计项目 ■ 使管理会计不断适应变化的环境，并创造有力条件，不断完善管理会计功能 ■ 在单位整个范围内推动有价值的跨职能活动 ■ 有效地领导或指导复杂信息的生成、报告和解释
4. 职业操守		■ 正直、诚信、坚韧、担当、可信赖 ■ 遵纪守法，保持职业自律与自我控制 ■ 关注公众利益和社会责任 ■ 保守单位秘密	

三、胜任管理会计师的知识体系

根据前文讨论的中国管理会计师所面临的政策环境与机遇、中国管理会计胜任能力建立所涉及的能力领域和要素,管理会计师几乎在单位管理的各个领域发挥其服务功能,这无疑对其知识体系提出严峻挑战。管理会计师要想达到胜任能力标准的要求,势必涉及门类多、范围广的知识领域,而且对管理会计师的知识结构、知识领域和知识的更新及应用能力提出了更高的要求。因此,管理会计师胜任能力建设也必须解决满足胜任能力要求的、面向未来的知识体系问题。

管理会计师的知识体系的构建主要涉及两个基本问题:(1)具备胜任能力的管理会计师,在承担关键任务时需要哪些知识来支持?(2)面向未来和国际化,管理会计师应该了解什么?我们从中国管理会计的制度背景和应用领域出发,立足中国,面向未来和全球化的管理会计职业发展趋势,研究中国管理会计师应该具备的知识体系。

根据我们的调查与分析,借鉴 ACCA、CIMA、IMA、IFAC(国际会计师联合会)等国际职业会计团体的经验,中国管理会计师的职业知识体系由四个部分构成:职业基础知识、职业应用知识、职业环境知识和职业技能知识。

1. 职业基础知识:通过普通教育所获得的一般知识,如会计学、财务学、战略管理、风险管理、运营管理等。这些知识为管理会计师的终身学习和相关专业学习提供了基础。

2. 职业应用知识:管理会计师在执行具体的管理会计业务时,为达到有效的实务标准的要求和进行合理的职业判断所必须具备的商业、管理、沟通、财务、管理会计、数量方法与信息技术等专门化工具、方法等方面的知识。

3. 职业环境知识:管理会计师执业过程所涉及的制度、准则、法律、政策等方面的知识,如管理会计指引、财务会计准则、税法、会计法、合同法、经济法、公司治理准则、会计制度,以及其他宏观与微观经济政策等。

4. 职业技能知识:是指为了保证管理会计业务活动的顺利开展和达成绩

效目标，管理会计师应该具备的认知技能和行为技能方面的知识，如人际关系管理、沟通技巧、时间管理、逻辑思维、冲突管理、领导力等方面的知识。

根据以上思路和界定，管理会计师的职业知识体系如表 6-3 所示。

表 6-3　　　　　　　　　　管理会计师职业知识体系

分类	内容
职业基础知识	经济学基础
	管理学/企业管理学基础
	成本会计基础
	财务会计学基础
	管理会计学基础
	财务管理学基础
	数量分析与决策基础
	组织行为学基础
	管理信息系统基础
职业应用知识	战略管理会计
	管理控制会计
	运营管理会计
	绩效管理会计
	财务资源管理
	管理会计报告
	投融资管理
	全面预算管理
	成本管理与决策
	公司治理与内外部审计
	IT 与管理会计
	风险管理与内部控制
	项目管理
职业环境知识	管理会计指引体系及相关政策
	公司法与经济法
	税制与税法
	会计准则
	其他相关法律法规与政策动态

续表

分类	内　容
职业技能知识	职业道德
	分析、判断技能
	人际关系与冲突管理
	商务沟通技巧
	团队管理
	时间管理
	领导力
	知识管理

第七章 中国管理会计师水平能力认证与教育体系的构建与运营管理

本章是对第四章、第五章和第六章提出的管理会计胜任能力的概念、框架以及知识体系、技能体系具体的应用。因此，本章以第六章提出的中国管理会计师胜任能力框架为依据，在分析借鉴国外同类机构开展水平能力认证考试教育经验的基础上，提出中国管理会计师水平能力考试认证教育（培训）体系和运营管理模式，包括教育目标、教育内容和教育组织运营管理三个部分。其中，教育目标是核心，是开展教育的基本依据；教育内容由课程设置、师资队伍建设、教材建设、教学方式方法和教学成果的考核评估等几个环节构成；教育组织运营管理是教育活动顺利进行，实现培训目标的可靠保证。

一、中国管理会计人才（师）教育培训的基本情况

正如本书能力框架设计部分所分析，管理会计人才（师）作为参与管理会计活动、提供管理会计信息，实施管理会计决策的人，在单位管理中应承担组织者、领导者、分析预测者、策略家、规划家、咨询顾问、资源整合专家等多重角色，因而管理会计人才（师）的胜任能力的培养与培训需要按照职业化的要求，系统地解决培训教育的目标、内容和运营问题。

目前，从供给方来看，我国管理会计人才培养主要通过高校专业教育和社会后续教育来完成。首先，作为培养未来管理会计专业人才主要方式的高校教育已经滞后于我国企业的现实发展。管理会计直接来源于企业的实践活动，在我国，企业实践活动的发展变化远比学术理论的发展变化迅速和复杂。其次，

高校专业教育设置的管理会计课时偏少、课程设计不合理。一般而言，要完成大学本科并获得会计专业学士学位，必须修完 160 多学分，其中 50 多学分属于会计课程，管理会计课程通常安排一到两门课，最多 8 学分，占会计课程总学分的 20% 不到①。上述问题也存在于会计硕士学位的课程体系。再者，社会后续教育虽然已经意识到企业对于管理会计人才的需求，众多社会院校和培训机构已经开展预算系统、资金管理、绩效评价等管理会计专题培训，但是尚未形成规范化和系统性的教育培训体系。

从需求方来看，中国的管理会计人员的培训需求通常由需求单位发起，本着"干什么学什么、缺什么补什么"的原则，实施"点对点"的培训，同样没有解决系统性问题。尽管国家已经明确并鼓励管理会计人才培养要走水平能力教育的路线，由行业组织或教育机构推进实施，但是由于缺少职业化的、系统的水平能力认证考试教育体系，现行的教育培训模式依然难以培养出真正具备胜任能力的管理会计人才（师）。因此，管理会计人才（师）教育培训的制度化、系统化和标准化，成为当前亟待解决的问题。

二、国际机构管理会计师水平能力考试认证制度的经验与借鉴

（一）ACCA 的职业考试认证体系②

ACCA 职业水平能力专业考试总体设计较为精细，严格制定了分段、分级别考试标准。首先，将考试分为基础阶段和专业阶段；其次，又细分为 4 个等级 (level)，即基础一级、基础二级、专业一级和专业二级，相对应规定了考试课程细目。其中：基础阶段课程包括知识模块（包括 F1~F3），学员考试通过后则可得到基础一级认证；学员考过技能模块课程（包括 F4~F9），则可得到基础二级认证；学员通过专业阶段核心课程（包括 P1~P3）的考试，则得到专业

---

① 参考《厦门大学本科生修读指南 2012》。
② 资料来源于 ACCA 中、英文官网。

一级认证;学员通过专业阶段选修课程(包括 P4~P7)的考试,则得到专业二级认证,全部考试通过后则可成为 ACCA 高级会员。具体考试科目及等级分布如表 7-1 所示。

表 7-1   ACCA 职业水平能力考试科目及等级

课程类别	考卷	课程名称(中文)	课程名称(英文)
基础阶段(共考 9 门)			
知识模块	F1	会计师与企业	Accountant in Business(AB)
	F2	管理会计	Management Accounting(MA)
	F3	财务会计	Financial Accounting(FA)
技能模块	F4	公司法与商法	Corporate and Business Law(CL)
	F5	业绩管理	Performance Management(PM)
	F6	税务	Taxation(TX)
	F7	财务报告	Financial Reporting(FR)
	F8	审计与认证业务	Audit and Assurance(AA)
	F9	财务管理	Financial Management(FM)
专业阶段(共考 5 门)			
核心课程	P1	公司治理,风险管理及职业操守	Governance, Risk and Ethics(GRE)
	P2	公司报告	Corporate Reporting(CR)
	P3	商务分析	Business Analysis(BA)
选修课程(选考 2 门)	P4	高级财务管理	Advanced Financial Management(AFM)
	P5	高级业绩管理	Advanced Performance Management(APM)
	P6	高级税务	Advanced Taxation(ATX)
	P7	高级审计与认证业务	Advanced Audit and Assurance(AAA)

同时,ACCA 考试认证有着较为严格的程序:(1)申请参加 ACCA 考试者,必须首先注册成为 ACCA 学员;(2)学员必须按考试大纲设置先后顺序报考;除免试和已通过的课程外,每次最多报考 4 门,及格成绩为 50 分(百分制);(3)学员需要通过 ACCA 专业水平能力大纲 14 门课程的考试,并规定所有 14 门考试必须在学员报名注册后 10 年内完成;(4)必须完成在线职业操守训练课程的学习和测试;(5)须积累至少 3 年的相关工作经验,3 年工作经验积累过程中学员必须达到 ACCA 规定的至少 13 项业绩目标(其中 9 项为必要目标,至少 4 项为可选目标),这些业绩目标的主要作用是确保学员能够把 ACCA 考试中所学到的知识与技能有效地运用到实际工作中去。

(二) CIMA 的注册管理会计师 (CMA) 水平能力考试认证体系[①]

CIMA 的会员考试也非常严格,需要通过全部 15 门考试,并取得至少 3 年相关工作经验。这些考试呈分层级递进式特点,共分为 5 级,每层级通过考试后获得该等级的水平能力认证。

第一级为基础级,考试科目有:管理会计基础、财务会计基础、商业数学基础、商业经济学基础、职业道德、公司治理和商法基础。通过这个级别的考试,将被授予 CIMA 商业会计证书。

第二级为运营级,考试科目有:公司运营、绩效运营、财务运营。从运营级开始,所有考试都以笔试方式进行。每年有两次全球统一考试,分别在 5 月和 11 月。学员可以自行安排参加管理级课程的考试顺序。通过这个级别的所有考试,学员被授予 CIMA 管理会计文凭。

第三级为管理级,考试科目有:公司管理、绩效管理、财务管理。通过这个级别的所有考试,学员将被授予 CIMA 管理会计高级文凭。

第四级为战略级,考试科目有:公司战略、绩效战略、财务战略。由于课程大纲的内在联系,第一次参加战略级的考试需要同时报考 3 门。没有通过可以逐门补考。

第五级为全科综合,该级考试主要是管理会计职业能力测试 (T4),考试以案例分析为主,要求考试在模拟的商业背景下通过战略管理会计技巧进行决策。考试前 6 个星期左右,CIMA 将在官方网站上公布用于 T4 考试的案例资料,有 15 到 20 页双面 A4 纸之多,考试时还将提供有 6 页双面 A4 纸的补充资料。如果通过 T4 考试,将授予 CIMA 全科合格。CIMA 的职业水平能力证书体系如图 7-1 所示。

CIMA 的课程设置与实务工作紧密结合。一方面,CIMA 通过与企业的紧密合作及资助前沿研究,不断更新培训教育认证体系、职业水平能力要求及职业发展计划,使考试真正成为学员知识和能力的测度表;另一方面,CIMA 要求学员必须具备 3 年相关工作经验,学员可以在考试之前、之间或之后从事和积累相关工作经验。其中必须要具备至少 18 个月的核心经验,其涵盖"基础"、"核

[①] 资料来源于 CIMA 中、英文官网。

心"和"补充"三部分,包括:基本经验(编制和保存会计记录、法定及规定申报、IT桌面操作技术、系统与程序开发);核心经验(编制管理账目、企划、预算及预测、决策管理报告、产品及服务成本计算、信息管理、项目评估、项目管理、营运资金监控);补充经验(财务策略、企业融资、库存管理、税务、业务评估及评定、商业策略、对外关系)等。学员只有通过全科考试并积累3年以上工作经验,才能成为CIMA特许管理会计师。

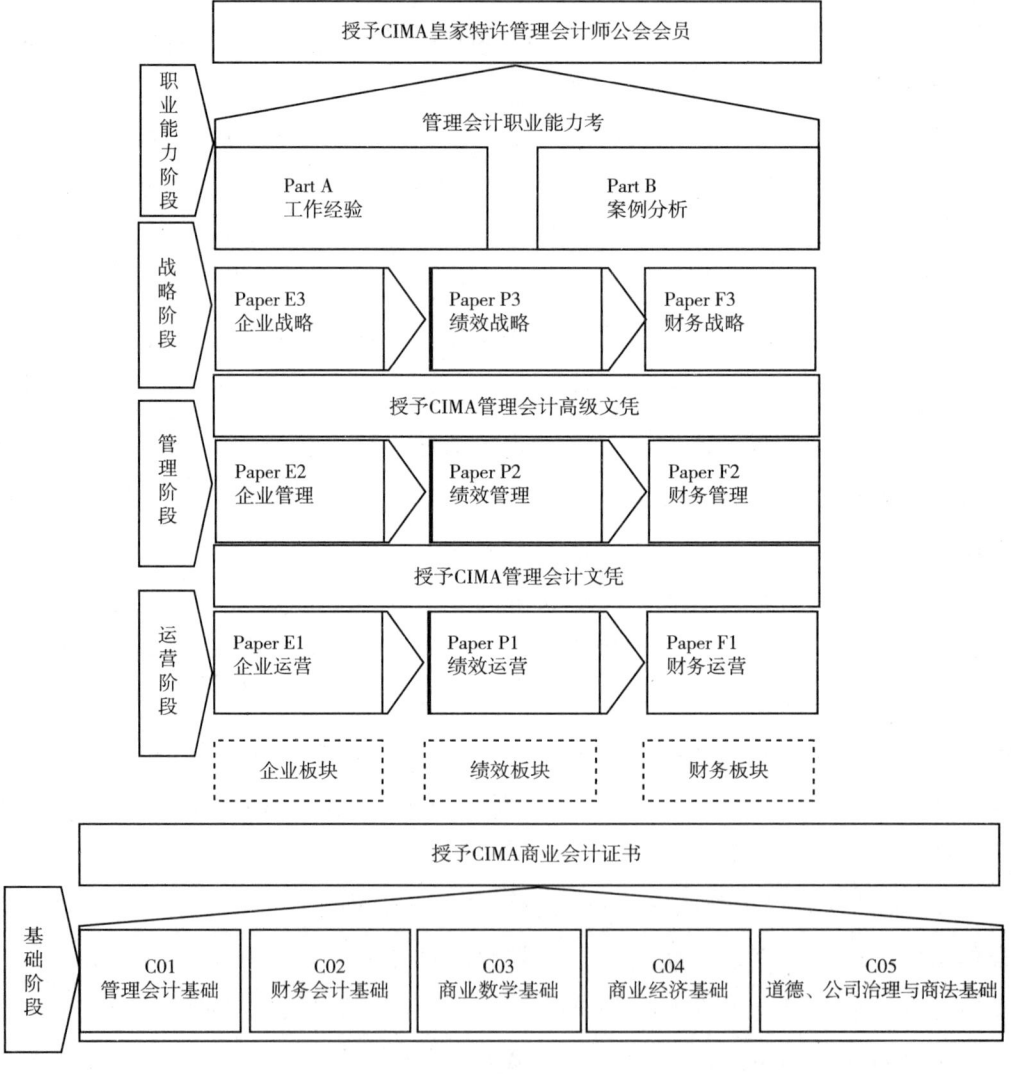

图7-1 CIMA注册管理会计师职业水平能力证书考试认证体系

CIMA致力于不断提高财务管理人员的专业水准并加强职业道德规范,普及管理会计师的公信力,其水平能力强调"定位高端,立足财务,强调管理,重视战略"的特点,努力使 CIMA 成为企业招聘财务高管以及有财务基础的管理人才时的重要水平能力参考。2012 年 CIMA 和美国注册会计师协会(AICPA)联合推出管理会计师新头衔——全球特许管理会计师(CGMA),迄今全球已经有超过 13 万管理会计师拥有 CGMA 头衔。

(三) IMA 的注册管理会计师(CMA)水平能力考试认证体系[①]

1. 考试知识体系

第一部分:财务规划、绩效与控制:4 小时,100 道选择题和 2 道 30 分钟问答题,考试具体内容包括:规划、预算编制与预测(30%)、绩效管理(25%)、成本管理(25%)、内部控制(15%)、职业道德(5%)。

第二部分:财务决策:4 小时,100 道选择题和 2 道 30 分钟问答题,考试具体内容包括:财务报表分析(25%)、公司金融(25%)、决策分析与风险管理(25%)、投资决策(20%)、职业道德(5%)。

2. 获取 CMA 证书

为顺利获取 CMA 证书,需要通过全部 CMA 考试并通过学历教育背景与工作经验两方面的认证。

(1) 学历教育背景认证

学历教育背景的认证需具备以下要求:

- 持有教育部认可的三年全日制大专毕业证书,或
- 持有教育部认可的学士学位证书,或
- 持有教育部认可的硕士研究生毕业证书、硕士学位证书、博士研究生毕业证书、博士学位证书

可选择提交以下其中一项材料进行认证:

- 提供由国内公证机构所出具的学历或学位的公证文件原件,公证文件原件上需有英文说明。

[①] 资料来源于 IMA 中、英文官网。

- 如果持有学士学位及以上学历和学位,且所就读的学校在 IMA 认可的不用进行评估的学院清单里,可以提供由学校开具的加盖学校或学院公章的成绩单原件来代替公证文件,并随成绩单原件附上学位或毕业证书复印件。

如所就读的是国外院校,可选择提交以下其中一项材料进行认证:

- 如果就读的学校在 IMA 认可的不用进行评估的部分国际学院清单里,需邮递成绩单原件。
- 如果就读的学校不在 IMA 公认的外国学院名单中,则必须由以下网站中所列明的独立机构对学位证书或成绩单进行评估:http://www.aice-eval.org 或 www.naces.org/members.htm。评估机构需要邮递评估结果。

(2) 工作经验认证

- 需具备 2 年连续的在管理会计或者财务管理领域中的工作经验。工作经验可以是在申请之前完成,也可在考试完成后 7 年时间内完成。
- 工作经验验证是指是否担任过在工作中需要您利用管理会计和财务管理的原理做出判断的岗位。这样的岗位包括财务分析、预算准备、管理信息系统分析、财务管理,以及政府、财务或行业中的审计、管理咨询、公开会计审计以及与管理会计或者财务管理有关研究、教学或者咨询工作。
- 偶尔运用到管理会计原理的(计算机操作、推销和销售、生产、工程、人员和综合管理)的就职岗位是不符合从业水平能力验证要求的。同样,实习岗位、培训生、文书或者非技术岗位的从业经验,也不能满足要求。
- 在满足以上所有认证要求的基础上,您将会收到 IMA 颁发的 CMA 认证号。拥有此认证号,即代表已经取得 CMA 认证。CMA 证书将会在 6~8 周后邮寄到位。
- 要保持 CMA 证书的有效性,每年还需完成 30 个学时的持续专业教育(CPE),其中 2 个学时必须是职业道德培训。

(四) 加拿大和澳大利亚的注册管理会计师(CMA)水平能力考试认证体系[①]

除以上几个机构外,加拿大注册管理会计师协会和澳大利亚管理会计师协会也同样有一套系统的注册管理会计师(CMA)的水平能力考试认证制度。在

---

① 资料来源于加拿大和澳大利亚管理会计师协会的英文官网。

此,仅对这两个机构的认证考试体系的主要内容简要比较,如表7-2所示。

表7-2　加拿大与澳大利亚 CMA 资质考试认证制度简要比较

国家	加拿大	澳大利亚
公会宗旨	旨在培养企业高层管理人才(CFO 和 CEO)	为会员和学员的职场生涯提供全方位服务
入会水平能力	1. 获得认可的学士学位,并修完 CMA 教学大纲要求的主要课程 2. 连续两年在管理或财务会计管理的工作经验 3. 通过 CMA 统考 4. 参加企业战略管理领袖人才培训班	1. 申请者需持有认可大学会计学位或专业会计水平能力 2. 有5年相关管理工作经验 3. 还需完成 CMA 课程(战略成本管理和战略业务分析)并通过 CMA 的专业考试
知识结构	对 CMA 的从业人员知识结构要求包括管理会计(初级、中级、高级)、财务会计(初级、中级、高级)、计量方法、公司理财、经济学、经营管理、信息技术、企业战略管理、国际商务、人力资源管理、市场营销、税收与税制以及内部控制	包括两个主题科目——战略成本管理和战略业务分析,这两个科目涵盖的具体内容非常丰富: 1. 战略成本管理主题涵盖了管理控制系统、精益生产及质量控制、在精益环境下成本会计和成本管理、生命周期成本分析系统、标杆、作业成本计算与管理、客户盈利能力分析、流程控制和作业管理、实施成本分析和控制系统、战略绩效管理系统、战略治理与战略审计 2. 战略业务分析主题涵盖了战略思想、战略营销分析和预算、产品组合管理中的财务分析、定价方法和策略、促销拉动战略和整合营销传播、供应链管理、绩效评价和战略财务结构、战略价值分析、风险管理与预警系统、战略计分卡
目标	从企业创新的战略角度出发,将企业的战略管理与全球市场进行整合,培养企业财务战略及战略管理的卓越领导者	培育专业管理会计师,不断丰富会员职业需求和提高职业技能

(五) 国际职业管理机构经验的启示与借鉴

综上所述,国际管理会计职业机构在管理会计师水平能力考试认证制度建设与发展方面,为我们建立中国注册管理会计师水平能力考试认证制度提供了很好的启示,综合其共性,本书认为有以下几方面值得中国借鉴:

1. 管理会计职业化是未来管理会计（师）可持续发展的可选之路

管理会计职业化主要是指获得管理会计师水平能力认证的人员从事管理会计工作，实现管理会计功能的过程。纵观英美等西方国家管理会计的职业发展的情况，在现代企业管理发展过程中，管理会计师职业作为一种新型职业，均受到这些国家的高度重视，扮演着重要的决策支持者角色。管理会计职业化的发展，主要体现在机构设置以及水平能力考试上。经过英美等国家近半个世纪的发展，注册管理会计师（CMA）作为一种管理会计专门职业，在世界财会职业领域得到了公认。更为直接性的一项调查表明，全球 CMA 持证者的平均薪资水平为 15.5 万美元，比非持证者高出 30% 以上，且每年还有 5%~15% 的涨幅空间。CMA 逐渐成为全球财会人员职业典范的象征，世界 500 强企业将 CMA 职业水平能力作为衡量一个财会人员职业水平的黄金标准。

我国自 20 世纪 70 年代末开始，引入美国等国家管理会计体系，并对管理会计职业化发展进行了研究和探讨。但是，经过 40 多年的发展，我国管理会计职业化发展依旧止步不前，与西方国家相比差距仍然较大，难以适应我国发展管理会计需要和人才培养的需要。当前，与英美等国家相比，我国在管理会计职业化发展存在的主要问题，是我国没有一个专门化的管理会计职业组织，管理会计实践应用程度不高，理论和企业管理实务应用脱节严重，仍然注重的是一般财会人员。据统计，我国会计人员中从事内部管理会计工作的比例低于 15%，且增长速度缓慢。同时，与财务会计相比，我国管理会计师职业水平能力的取得却没有一个全国性的考试，对管理会计职业化发展在一定情况下会产生阻碍作用。

然而，随着我国在政府层面上开始全面推进管理会计体系建设并建立一系列中国特色的管理会计指引体系，无论是国家还是会计人员个人对管理会计及 CMA 职业水平能力的重视程度越来越高，有越来越多的会计人员开始由传统的会计人员转变为更高级的管理会计人员。因此，着眼未来，可以预期我国管理会计职业化将是大势所趋。

2. 成立管理会计的专业机构是管理会计职业化的基本环境

管理会计实行职业化，首先需要有一个机构来引导和管理它。以上英美国家管理会计职业的发展莫不如此。因此，为了突出会计的发展方向，应该成立独立的专门的管理会计师职业管理组织，如管理会计师联合会、管理会计师协会之类机构。当前形势下，考虑到中国国情，管理会计的专业机构可以在学院体制下设立，等到条件成熟，再考虑单独设立专门机构。

借鉴国外经验，管理会计专业机构的宗旨是推动管理会计工作的发展，帮助企业加强内部管理，不断提高经济效益；其职责是组织、协调和督促管理会计师开展管理会计实务工作；规划和指导管理会计师不断研究管理会计实践中的新情况、新问题、新方法；组织执业管理会计师们进行专业培训，拓宽职业知识，夯实专业基础，促使管理会计师们不断提高他们的业务水平，以不断提高管理会计师服务工作质量；制定管理会计师的水平能力考试认证制度；组织管理会计师的水平能力考试；对管理会计师职业进行监督，并进行日常管理运营等。

3. 建立管理会计师的水平能力考试认证制度，提速管理会计人才（师）培养

如前所述，管理会计师在单位中充当领导者、组织者、策略家、规划家、分析预测家、管理咨询顾问等多重角色，这不仅对管理会计师或人才的要求程度高，而且涉及学科和工作领域广泛。因此，管理会计是在会计职业基础上的一种综合管理能力的拓展，其要求和标准相对而言是较为高端的，全面达到管理会计师水平不仅要有足够的知识积累，还要有扎实丰厚的实际工作经验，而管理会计师水平能力考试是对其实际执业能力的测试。因此，本书建议借鉴国际经验，建立管理会计师的水平能力考试制度，实行分段、分级、多科目考试，同时再考虑一定的实际工作经验因素对其能力水平进行认证，以期早日为国家和社会培养合格的管理会计师。

基于上述，借鉴国外的做法，结合我们提出的胜任能力框架及其知识体系、技能体系和职业操守的要求，管理会计师水平能力考试科目要涵盖战略管理、成本管理、预算管理、绩效管理、营运管理、风险管理与公司治理等重要实务领域，学科范围除了管理会计、财务管理、财务会计等专业领域外，还要涉及经济学、管理学、行为学、组织学、统计学、信息系统以及相关法律法规等应用等内容。如何在有限的考试科目中体现这些实务技能与学科知识，则需要进一步进行设计和规划。

4. 实现管理会计师水平能力认证与多渠道会计人才培养对接

为了加快培养管理会计师人才队伍，可以借鉴国外的做法，在设立水平能力考试制度后，按照统一标准，参考实际会计人员的学历、学位以及实践经验等因素，实现与现行会计领军人才、总会计师素质提升工程等项目对接，同时，也可以与高等院校的会计教育对接。

5. 实施会员管理，加强会员服务

国际管理会计师的职业管理机构有着少则几十年、多则近百年的发展历史，证明了管理会计职业化和水平能力认证制度化的有效性，需要通过实施会员管理和不断提高会员管理服务水平来实现。实践对管理会计的需求和专业机构的服务水平直接决定了管理会计的存在性。因此，借鉴国外经验，在上述基本建设的前提下，可以建立管理会计师会员管理制度，对管理会计师实施注册制会员管理。

6. 制定管理会计师职业守则，指导和约束管理会计师的执业行为

管理会计师职业化以后，对于管理会计师们的执业行为应予以约束和指导。这也是国外专业机构在为管理会计师提供服务的同时也十分重视的内容。这方面主要涉及管理会计师职业道德和职业操守，需要通过制定有效的职业守则之类的正式制度或行为准则等规范，管理会计师的执业行为。这种职业守则或准则不仅对管理会计师是一种执业约束，而且也有助于管理会计师开展管理会计工作。

三、建立中国管理会计师水平能力认证考试教育营运管理体系

如前所述，中国管理会计师水平能力考试认证教育（培训）与运营管理体系包括教育目标、教育内容和教育组织运营管理三个部分。其中，教育目标是

核心，是开展教育的基本依据；教育内容由课程设置、师资队伍建设、教材建设、教学方式方法和教学成果的考核评估等几个环节构成；教育组织运营管理是教育活动顺利进行，实现培训目标的可靠保证。下面，本书即按照这一逻辑结构，尝试构建中国管理会计师水平能力认证教育运营管理体系。

（一）水平能力认证教育的目标设定

1. 管理会计师水平能力认证名称

借鉴国外各个职业组织的经验，同时考虑我国法律约束，建议中国的管理会计师水平能力认证的正式名称定为：中文——管理会计师；英文——Charted Management Accountant，简称 CNMA。

2. CNMA 水平能力考试认证教育的目标

CNMA 水平能力认证教育的总目标是：培养具备胜任能力的专业管理会计师，为单位（包括企业和行政事业单位）储备、输送高级管理人才（如 CFO、CEO 等）。

围绕总目标，通过 CNMA 水平能力考试认证教育培训，实现以下具体目的：

（1）动态地传播、宣传、推广中国管理管理会计改革发展政策，推进中国管理会计科学与实务的持续发展。

（2）推进管理会计在实践中的应用，为发展产、学、研、政一体化提供交流机会。

（3）普及管理会计及其相关领域的知识、技能，为已经进入或准备进入管理会计专业领域的人员提供一个提高和检验自身知识和技能水平的渠道，并为这些人员提供专业能力教育和职业生涯发展方面的支持。

（4）助力扩大 CNMA 在单位中的战略地位、领导力和影响力。

（二）水平能力考试认证教育的内容设计

1. 课程体系设置

根据本书第六章关于胜任能力框架和知识体系设计（见表 6-3），借鉴国外机构的经验，CNMA 的课程体系设置要分别与初级、中级、高级管理会计师的水平要求相适应和对应。需要指出的是，这些知识的学习的完成并非仅通过 CNMA 教育培训这个单一渠道完成，而是可以通过高校学习、实践学习、后续学习（包括现场和远程）等不同渠道完成。CNMA 的课程体系具体如表 7-3 所示。

表 7-3　　CNMA 水平能力考试教育课程体系

知识分类	课程领域	课程（名称）	主要学习渠道		
			高校学习	后续学习	实践学习
管理会计师：初级					
职业基础与环境知识	经济学基础	经济学原理	√		
	管理学基础	管理学原理	√		
	会计学基础	成本会计学	√		
		财务会计学	√		
		管理会计学	√		
		财务报表分析	√		
	财务管理学基础	财务管理学	√		
	审计学基础	审计学	√		
	数量分析基础	(1) 数量、分析与决策	√		
		(2) 概率论与数理统计学	√		
	组织行为学基础	组织行为学	√		
	信息系统基础	管理信息系统	√		
	风险管理与内部控制	风险管理与内部控制	√		
	公司法与经济法	公司法与经济法	√		
	税制与税法	中国税制与税法	√		
	职业道德	会计职业道德	√		√
管理会计师：中级					
职业/执业应用知识	管理控制	管理控制系统		√	√
	全面预算管理				
	绩效管理				
	运营管理	运营管理会计		√	√
	成本管理与决策				
	财务资源管理	财务资源管理		√	√
	管理会计报告与决策	管理会计报告与决策		√	√
	IT 与管理会计	管理会计信息系统		√	√

续表

	管理会计师：高级			
职业/执业应用知识	公司治理与内外部审计	公司治理与内外部审计		√	√
	战略管理	战略管理会计		√	√
	投融资管理				
	通用技能			
职业/职业技能知识	职业道德	（管理）会计职业道德			√
	人际关系与冲突管理	有效沟通与冲突管理			√
	商务沟通与管理				
	团队管理	领导力与团队管理			√
	时间管理				
	领导力				
	知识管理	商务分析与判断		√	√
	分析、判断技能				

2. 教材体系建设

（1）目的：教材建设是保证CNMA教育培养质量的重要基础工作，也是建立统一、规范CNMA教学或培训范围、教学或培训成果评价与考核的重要依据之一。因此，教材建设的目的服务于全面落实国家关于全面推进管理会计体系建设对管理会计人才队伍的要求，培养合格的CNMA。

（2）原则：教材建设的原则是：以财政部《指导意见》为统领，以《基本指引》为指导，以《应用指引》和案例库建设的要求为具体依据，突出示范案例应用，"以我为主、博采众长、融合提炼、自成一家"，编写符合我国国情和中国特色的管理会计系列教材。

（3）适用对象：本教材适用拟通过考试或其他通道获得CNMA的学员和会计领军、总会计师素质提升工程以及相关公开课程的学员，同时可以作为院校以及社会管理会计教育、培训等参考用书。

（4）教材建设的组织：为了保证教材质量，需要建立教材管理组织体系。因此，本书建议成立CNMA教材编写委员会（以下简称"编委会"），并设编委会主席、总编、执行总编；编委会成员由理论界、政策部门和实务界专家构成；具体教材编写涉及多个作者时，可以就某教材采用主编制。根据需要可以设立顾问委员会。

（5）教材组成：根据教材建设的原则，本书在胜任能力框架、知识体系和课程体系设计基础上，提出CNMA水平能力考试教材体系。鉴于初级管理会计师主要是通过高等院校这一渠道学习各个领域的基础知识，同时与之相适用的教材不仅丰富多样而且共识性、统一性较强，因此，针对初级CNMA教育的教材直接与高校教育所使用的课程教材对接，不一定要另行设定和编写。中级CNMA和高级CNMA的胜任能力，要求其在应用管理会计开展工作时往往会同时跨越几个不同领域的知识与技能，因此，这两个等级的CNMA教材需要专门设计和编写。具体教材体系如表7-4所示。

表7-4　　　　　　　　　　CNMA教材体系

序号	教材名称	内容梗概	适用等级	涉及管理会计指引的主要领域
1	公司治理与内外部审计	以公司治理的有效性为目标，以内外部审计为抓手，提供融入全面风险管理内容的内部控制技术与案例	高级	治理与战略管理、风险管理
2	战略管理会计	围绕战略管理的需要，以提高战略绩效为目标，提供经营战略和投融资决策支持的管理会计工具方法及其应用技术和案例	高级	战略管理、投融资管理
3	管理会计指引体系解读	围绕财政部界定的管理会计领域包括战略管理、成本管理、预算管理、营运管理、绩效管理、投融资管理、信息与报告等内容，组织教材内容和示范案例。为学员提供管理会计的整体结构框架	高级、中级	全部
4	管理控制系统	以战略执行为目的，以全面预算管理为手段，以业绩评价为落脚点，围绕公司管理控制体系的建设与实施，提供逻辑体系、工具与方法及其应用案例	中级、高级	预算管理、绩效管理、成本管理
5	运营管理会计	以企业业务流程为载体，以帮助企业获得持续竞争优势为目的，用价值链视角分析运营战略、业务流程和精益管理过程，提供运营管理中涉及的成本管理、预测与利润规划、业务流程优化、价值链盈利分析、精益化的相关管理会计工具方法与应用案例	中级	成本管理、运营管理
6	管理会计报告与决策	以管理会计报告为基础，运用特定的技术分析方法，为企业相关决策提供支持及其技术与案例	中级	全部

第七章 中国管理会计师水平能力认证与教育体系的构建与运营管理　75

续表

序号	教材名称	内容梗概	适用等级	涉及管理会计指引的主要领域
7	财务资源管理	以提高资金使用效率和管理财务风险为目的,提供资金管理(司库管理)、纳税筹划、套期保值、财务共享等领域的技术和应用案例	中级、高级	战略管理、投融资管理、成本管理、营运管理等
8	管理会计信息系统	面向管理会计,提供管理会计信息化建设的功能架构、基础技术环境、建设规划与实施等思想、工具方法与案例	中级、高级	成本管理、预算管理、绩效管理、项目管理、管理会计信息与报告

说明:以上教材编写大纲和具体计划时间表在此不做讨论

3. 教学安排与成果考评

教学安排是实施 CNMA 教学培训的具体过程,包括教学科目的安排、教学实践(课时)安排和教学方式安排等。

成果考评是对教学安排实施结果的评估,包括考试和结果分析以及根据结果分析提出改进建议等。

根据以上课程内容、难度和要求,并考虑充分利用北京国家会计学院的优势和资源,CNMA 教学可以通过不同的学习渠道和课时安排来实现。但是,成果考评则必须通过统一标准考试来完成。具体如表 7-5 所示。

表 7-5　　　　　　　　　　CNMA 教学安排

序号	学习科目	学习渠道	学习时间	适用等级	考评方式	考试占比
1	公司治理与内外部审计	线下为主	16 课时	高级	集中考试(100%)	40%
2	战略管理会计	线下为主	24 课时	高级		60%
3	管理会计指引体系解读	线上为主	(不定)	中级	集中考试(一)(100%)	20%
4	管理控制系统	线下为主	32 课时	中级		40%
5	运营管理会计	线下为主	32 课时	中级、高级		40%
6	管理会计报告与决策	线下为主	16 课时	中级	集中考试(二)(100%)	40%
7	财务资源管理	线下为主	24 课时	中级、高级		40%
8	管理会计信息系统	线上为主	16 课时	中级、高级		20%
合计	—	—	160 课时	—	—	—

(三) 水平能力考试认证教育的运营管理体系

CNMA 的运营管理体系是指针对 CNMA 水平能力考试认证全流程所涉及的组织机构、教育培训、命题考试、质量监督、发展推广、管理服务等工作进行组织管理的统称。有效的运营管理是保证 CNMA 项目顺利开展、形成品牌的重要保障，也是 CNMA 可持续发展的制度性安排。借鉴国内外会计职业管理机构的经验，构建 CNMA 运营管理体系的思路如下（具体运营操作事宜不在本书中讨论）。

1. 设立决策机构——CNMA 项目管理委员会

CNMA 项目管理委员会是 CNMA 项目的最终决策机构，主要是对 CNMA 的发展战略、组织机构的设立、战略合作方的设立、教育培养政策与制度、认证与监管的政策与制度、会员管理政策与制度、质量评估与推广政策与制度等重大事项进行审议和批准。为了有效地开展工作，在管理委员会下设立以下专业委员会，包括认证管理委员会、考试管理委员会、质量评估委员会、会员管理委员会、专业发展委员会、合作推广委员会。随着项目的不断发展和新的环境变化情况，必要时可以增设或停设某个专业委员会。各个专业委员会均需要明确定义该委员会的功能与职责，建立议事规则和工作程序等制度。

2. 设立执行机构——CNMA 项目管理办公室（或中心）

该机构是项目运营的常设执行机构，主要是负责执行项目管理委员会的各项决策；申请或提出或制定相关制度、政策与工作程序或章程并报管理委员会审批；负责项目的日常运营工作等。

该机构的设立方式可以单独设立，也可以依托或授权北京国家会计学院现行某个部门履行职责。鉴于目前学院教务部具有学院整个线下和线上远程教育平台的优势条件，可以很方便地满足 CNMA 的线上与线下课程学习的需要，同时，长远看 CNMA 会员管理平台也需要以此为依托建设和整合，实现"一体两用"，故可以考虑由教务部承担常设执行机构的职能。

3. 设立专门的职业管理机构，实施会员管理制度

从长远来看，CNMA 项目的发展一定需要一个专门的职业机构，暂时可以称之为"国家管理会计师联合会（或协会）"。由于国家相关规定限制，目前还难以直接成立。但是，可以暂时在学院体制内下设成立"准"职业管理机构，可以命名为"国家管理会计师职业发展中心"之类的机构，以此作为会员管理平台开展会员管理工作并提供相关服务。待时机成熟后，如果有必要再转为成立正式的联合会或协会。

4. 关于推广机制问题

推广机制是做大做强项目的重要基础，但同时也是管理工作的难点。该项目在推广机制设计上的基本原则就是"全院一盘棋"，要充分发挥学院内部和外部两大资源渠道：（1）内部资源渠道：可以通过教务部、培训部、研究成部、教研中心的教授负责制等培训教育项目进行推广。（2）外部资源渠道：与外部社会机构建立合作，利用其社会资源渠道进行推广。由于管理会计被社会越来越认可，加之北京国家会计学院已经形成的社会影响力和公信力，有很多机构希望就此项目与学院建立战略合作关系，作为项目的推广代理机构。学院则需要考虑在严格控制质量的前提下，慎重选择合作者。

5. 关于 CNMA 水平能力认证取得的特殊通道或政策问题

正常情况下，通过考试的人员，在达到一定的水平能力条件后方可被认证为某一级别的 CNMA；当全部考试合格并达到认证条件后方可成为资深或专业 CNMA 会员。建议学院实行在通过相应级别考试的前提下采用"学历教育背景＋工作实践经历"双重认证制度。

但是，由于会计学院的特殊优势，长期以来通过各种高端培训班积累了大量的高端财务管理人员校友资源，这部分人员应该成为 CNMA 潜在会员的重要来源，并可以设立特殊通道转换机制将其转化为现实的 CNMA。本书建议：（1）对国家级的已经结业的大中型国有企业总会计师岗位能力培训项目参训人员、总会计师素质提升工程项目参训人员、会计领军人才设立直接转化为高级 CNMA 的通道；（2）对省级的上述类型人员可以适当豁免考试课程，将其转化为中级 CNMA；（3）对 MPAcc 学生在完成所有课程学习并取得成绩者，可以将其直接转化为初级 CNMA，并可以鼓励其参加中级考试，但需要在其毕业工作两年以后方可申请水平能力认证。对这类考生的考试费用和学习费用，学院应当尽最大可能予以减免（长期看，这一群体是未来项目的主要支撑者和需求者），以便能够长期锁定这部分人力资源。

6. 关于在 CNMA 项目实施中公益性、公信力和盈利性的关系问题

公益性和公信力是 CNMA 项目基业长期的基本保障。尽管中国的管理会计师水平能力考试认证进入"群雄逐鹿"的时代，但能否真正做到长期可持续发展，要在保证质量和优质服务的前提下，最终取决于举办机构的公益性和公信力。盈利性固然是举办机构，特别是合作推广机构考虑的重要因素，但是，为保证公益性和公信力，就不能采取短期的、高定价的方式取得盈利，这种方式本质上是饮鸩止渴。恰当、合理的做法是依靠规模增长和服务水平黏着 CNMA 的需求者，在充分调查和测算的前提下，合理定价并尽量避免价格竞争。北京国家会计学院不同于其他社会培训机构或社团组织，在公益性和公信力方面具有先发优势和机构属性优势，为我们举办 CNMA 项目创造了先天性的优势条件。因此，如何将这种先发优势充分利用并保持下去，是学院必须从全局、长远、战略的角度认真对待并给予足够的重视和资源投入保障。

结束语
结论与局限性

本书在认真分析企业商业环境、当前和今后一个时期我国管理会计人才发展面临的新形势、新任务和新挑战基础上做出判断，抓住管理会计人才队伍建设这一关键问题，在总结我国管理会计实践经验与成就的基础上，借鉴国际管理会计职业机构的成熟做法，提出建立我国管理会计师能力框架的基本构想，并对其胜任能力要素和水平能力考试教育培训体系、营运管理体系进行研究，以指导中国管理会计活动的开展和管理会计人才的系统培养与后续教育，全面提高中国管理会计人才队伍的素质，保障管理会计体系建设各项发展目标的实现。

本书对实现我国推进管理会计人才队伍建设及管理会计改革与发展目标的实现具有如下意义：（1）为我国建立管理会计人才培养标准提供依据；（2）为促进我国管理会计人才培养培训模式与内容创新提供基础；（3）为我国逐步建立管理会计人培训体系、考试认证体系提供依据；（4）为我国建立管理会计人才测评体系及其信息化提供依据；（5）推进我国管理会计职业化、国际化进程；（6）为促进学院的智库建设，管理会计人才培养模式与内容创新，实现学院国际化战略目标等提供基础性支持。

本书的主要结论（贡献）是：

第一，比较了国外主要管理会计职业机构建立的能力框架和水平能力认证实践，总结出对中国建立管理会计师能力框架和管理会计人才培养具有直接借鉴意义的做法，结论是：（1）管理会计职业化是未来管理会计（师）可持续发展的可选之路；（2）成立管理会计的专业机构是管理会计职业化的基本环境；（3）建立管理会计师的水平能力考试认证制度，提速管理会计人才（师）培养；（4）实现管理会计师水平能力认证与多渠道会计人才培养对接；（5）实施会员管理，加强会员服务；（6）制定管理会计师职业守则，指导和约束管理会计师的执业行为。

第二，按照《指导意见》的总体规划，借鉴国际经验，结合我国国情和中国管理特色，构建管理活动、管理会计职能与管理会计师角色、功能和能力之间的逻辑驱动关系，结论是管理活动及其具体职能活动驱动管理会计职能及其活动，进而决定了管理会计能力领域和能力要素（关键任务）。

第三，以《基本指引》为纲，以《应用指引》为目，在以上逻辑驱动关系的基础上，按照有效达成管理会计实务的绩效目标或结果要求，构建了由"管理会计职能标准、管理会计师个人特性标准包括知识体系、技能体系和职业操守"为要素的中国管理会计师胜任能力框架。

第四，以胜任能力框架为统领，建立中国管理会计师水平能力考试教育培训体系，并针对运营管理体系的几个关键问题提出建议，包括：（1）设计CNMA项目决策机构；（2）设立CNMA项目日常执行机构；（3）准备设立专门的职业管理机构，实施会员管理制度；（4）慎重设立推广机构，健全推广机制；（5）针对学院长期积累的高端学员资源，建立CNMA认证水平能力取得的特殊通道与政策；（6）坚持公益性，保证公信力，实现CNMA长期可持续发展。

然而，本书毕竟是尝试性研究，特别是本书采取的研究方法主要是演绎法，即从基本概念出发，逻辑地推演出中国管理会计师胜任能力框架。因此，本书的主要局限性是：中国管理会计师胜任能力框架的有效性和普适性都有待于实践检验和经验数据的验证，这也是该项研究未来需要进一步推进的方向。

附录 A

"中国企业管理会计实践"调研报告[①]

摘要

2014年财政部颁布了《关于全面推进管理会计体系建设的指导意见》（以下简称《指导意见》），旨在充分发挥管理会计价值创造作用，全面提升会计工作总体水平，深入推进会计强国战略，推动经济更有效率、更加公平、更可持续发展。

为了能够对中国管理会计体系建设工作提供实践依据和政策建议，北京国家会计学院与ACCA联合开展了关于中国企业当前管理会计实践的调查研究，希望通过分析中国企业当前管理会计应用的现状、没有充分发挥作用的原因和解决措施，总结管理会计体系建设过程中应该关注的重点，以期为中国管理会计体系建设工作提供相关政策建议。此外，本研究同时为企业了解和提高管理会计水平提供了数据支持和改进思路。

通过调查研究，我们得到以下主要结果：

1. 我国企业管理会计在实践中起到了作用，但是实施效果一般，发挥作用仍不是很突出，有待进一步提高。这也说明了我国当前推行和实施管理会计体系的必要性和重要性。

2. 我国企业管理会计无法充分发挥作用的重要原因主要包括：管理会计人才缺乏，管理会计理论和方法指导体系缺乏系统性和可操作性，信息系统无法有效支持信息采集和整合，领导不够重视管理会计。

3. 当前我国企业欲发挥管理会计的价值创造作用，首先需要加强领导的重视，制定明确的公司制度和提高管理会计工作的作用及地位，其次是加强管理会计人才的培养，再次需要完善管理会计方法的使用流程和制度，建立系统的

[①] 本报告是2015年由北京国家会计学院与ACCA联合调研课题成果、北京国家会计学院张黎群执笔，ACCA中国政策洞察总监钱毓益指导修改，北京国家会计学院贺颖奇是该项目负责人。

管理会计理论指导体系，最后需要加强面向管理会计的信息化建设。

4. 在实际工作中，应用更多的管理会计职能是成本费用管理、预算管理、财务数据分析、财务预测、资金管理等传统职能。而在当前激烈竞争环境中发挥决策支持作用的重要管理会计工具，诸如参与战略制定、投资项目绩效考核与评价、盈利性分析、运营管理、为董事会考核经理人提供依据的应用程度却远远落后于实际需求。建议在定位当前的管理会计职能时，首先，一定要强调管理会计信息在经理人绩效评价中的重要作用，使经理人责权利对等；其次，强调依据管理会计信息在战略制定和投资项目绩效考核与评价中的重要决策支持作用，科学制定战略和选择投资项目；最后，强调管理会计信息和财务人员在运营管理中的控制和支持作用，提高业财融合程度，提高经营效率和效益。

5. 企业亟待制定财务战略从而更好地发挥管理会计作用。目前大部分企业会计部门的发展方向和战略尚不够明确，影响管理会计发挥价值创造作用。超过半数企业（55.94%）尚未制定会计部门的发展战略，仅有29.43%的企业制定了会计部门的发展战略，尚有15.54%的受访者表示不清楚。关于制定会计部门战略是否会对管理会计发挥作用产生影响的检验结果表明，尚未制定会计部门战略的企业，其管理会计"很少发挥作用"显著高于已经制定会计部门战略的企业；已经制定会计部门战略的企业，其管理会计"较好发挥作用"显著高于没有制定会计部门战略的企业。

6. 关于管理会计工具的调研主要涉及成本管理、企业预算管理、盈利能力管理、激励机制管理。

7. 关于管理会计信息系统，调查发现，使用程度最高和时间最久的是成本管理系统和绩效管理信息系统，风险管理信息系统和财务共享服务中心使用程度最低。有超过3/4的受访者所在企业计划在未来1~2年内应用各类信息系统。具体包括：约30%的企业选择了大资金管理信息系统、预算管理系统、风险管理信息系统、绩效管理信息系统，25.71%的企业选择了财务共享服务中心，20.87%的企业选择了绩效管理新系统。说明企业已经认识到这些信息系统的优势，开始加强信息化管理工作。我们对管理会计新系统对管理会计发挥作用的影响程度做了分析。

此外，调查结果还发现，管理会计信息系统使用时间越长，管理会计发挥作用越好。成本管理信息系统使用5年以上的企业，管理会计发挥了较好作用显著高于尚未使用的企业。预算系统使用五年以上的企业管理会计发挥了较好作用显著高于已使用 2~5 年的企业，已使用 2~5 年的企业管理会计发挥了较好作用显著高于尚未使用的企业。

8. 我们认为，在当今新技术革命的情况下，高层会计管理人员对于新技术的认识和应对能力一定程度上决定了企业的生存和发展。在我国企业内影响管理会计实施的十大技术排名是数据安全、大数据使用和分析、移动技术、云计算和云平台、支付系统的变化、数字服务，以及教育技术的新趋势和发展、人工智能、虚拟现实以及社交媒体。企业要时刻关注技术改革，探究管理会计在新技术水平下的职能提升，培养会计人员解释和分析大数据的数据挖掘能力，让如何管理、储存和使用数据进行科学决策成为企业关键的竞争优势。

9. 关于管理会计人才应具备的知识领域问题，调查表明，企业认为位于知识领域重要性之首的是传统的管理会计方法和财务管理，传统管理会计方法主要包括成本管理、预算管理、财务预测、财务数据分析、绩效管理等；其次是企业管理、战略管理、资源管理、风险管理，以及信息技术和数据分析能力；再次是财务会计与税务管理；排在最后的是经济学、组织行为学和法学。建议企业根据重要性程度安排不同模块学习时间的长短和学习内容的深度。

10. 关于管理会计人才培养模式，在目前来看，企业首推将管理会计人才能力框架纳入会计人员继续教育、大中型企事业单位总会计师素质提升工程和会计领军人才（后备）培养体系（80.07%）；其次赞成改革我国现有会计专业技术资格考试内容，适当增加管理会计专业知识的比重（56.52%）；再次是高校与企业合作建立管理会计人才实践培训基地，优化管理会计人才培养模式（52.9%），以及将专业的会计师资格考试体系的资格证书与职业规划、岗位聘用、职务晋升挂钩（50%），最后是加强管理会计国际交流与合作（43.84%）。

一、调研背景及目的

2014 年财政部颁布了《指导意见》，旨在充分发挥管理会计价值创造作用，全面提升会计工作总体水平，深入推进会计强国战略，推动经济更有效率、更加公平、更可持续发展。具体内容是通过 5 到 10 年的努力，建立与我国社会主义市场经济体制相适应的管理会计理论体系和指引体系，推进管理会计人才队伍建设，推进面向管理会计的信息系统建设，使我国管理会计接近或达到世界先进水平。

中国当前管理会计应用现状是什么？阻碍管理会计发挥价值创造的因素有哪些？如何提高管理会计应用水平？这些问题的回答对于建设和实施科学有效的管理会计体系意义重大。鉴于此，北京国家会计学院与 ACCA 联合开展了关于中国企业当前管理会计实践的调查研究，希望通过分析中国企业当前管理会计应用的现状、原因和解决措施，总结管理会计体系建设过程中应该关注的重点，以期为中国管理会计体系建设工作提供相关政策建议。此外，本研究同时为企业了解和提高管理会计水平提供了数据支持和改进思路。

本次调查内容具体包括以下五个方面 30 个问题：（1）管理会计基本理论调查，具体包括管理会计含义与职能的理解；（2）管理会计组织机构调查；（3）管理会计工具和方法应用调查；（4）管理会计实施效果、原因及影响因素调查；（5）提高管理会计应用水平措施的调查。

二、调研方法和被调研企业具体情况

（一）调研方法

本次调研采用问卷调查方法，问卷采用以下途径发放：（1）通过北京国家会计学院"财政部大中型企事业单位总会计师素质提升工程培训班"发放；（2）通过 ACCA 向会员发放；（3）通过北京国家会计学院向已经毕业的会计专业硕士发放。以上多途径发放问卷既提高了问卷的回复率，同时也有利于减少非概率抽样误差。通过以上发放途径，回收 552 份有效问卷。

（二）被调研企业具体情况

1. 行业背景

调查问卷根据证监会行业分类指引（2012 年修订）对行业进行了划分（见图 A-1）。被调研企业分布在划分的 18 个行业当中，其中制造业占 23.4%，金融业占 10.1%，批发和零售业占 7.8%，房地产业、建筑业、电力业、采矿业和交通运输业等行业分布较为平均，比重均为6%左右。

对于一些问卷回复率偏低的行业（农、林、牧、渔业；住宿和餐饮业；租赁和商务服务业；科学研究和技术服务业；水利、环境和公共设施管理业；居民服务、修理和其他服务业；文化、体育和娱乐业；信息传输、软件和信息技术服务业；卫生和社会工作；教育），在进行问卷结果分析时统一合并为"其他"。

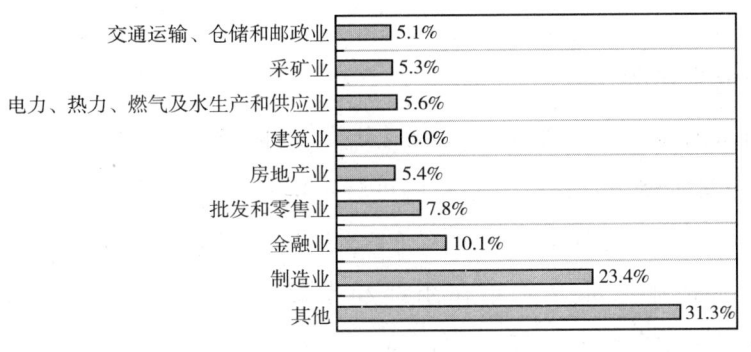

图 A-1 行业分布

2. 企业所有制结构

被调研企业的所有制形式分布广泛（见图 A-2），国有独资企业占总样本32.8%，国有控股企业、民营企业占总样本20%，外商独资企业占总样本15%，中外合资企业占总样本3.6%。

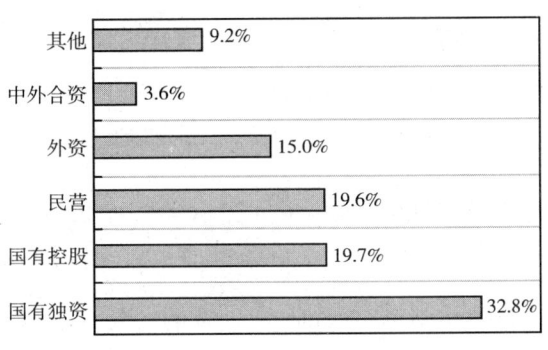

图 A-2 企业所有制结构

3. 企业上市情况

被调研企业中上市公司比例为30%，非上市公司比例为70%（见图 A-3）。

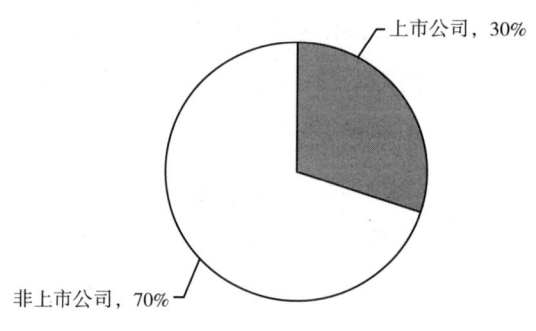

图 A-3　企业上市情况

4. 企业地区分布

借鉴国家统计局对我国经济区域划分为东部、中部、西部和东北四大地区的方法①，问卷对被调研企业分布地区进行了统计（见图 A-4）。此外，问卷将香港、澳门、台湾、海外地区企业统一合并为"其他地区企业"。问卷调查结果显示，被调研企业大部分分布在东部和中部地区，东部地区企业占总样本 63.8%，中部地区企业占总样本 25.5%；西部地区、东北地区及其他地区企业相对较少，占总样本 6% 及以下。

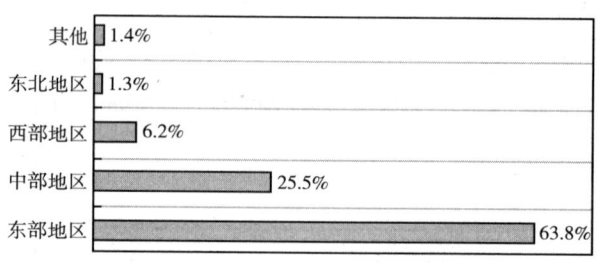

图 A-4　企业地区分布

5. 企业规模

被调研企业的规模分布比较均衡（见图 A-5），其中，22.3% 的企业年营业收入在 50 亿元以上，19.2% 的企业年营业收入在 10 亿元到 50 亿元，32.7% 的企业年营业收入在 1 亿元到 10 亿元，10.1% 的企业年营业收入在 1 亿元以下，10.1% 的企业年营业收入在 1000 万元以下。

---

① 东部包括北京、天津、河北、上海、江苏、浙江、福建、山东、广东和海南等 10 个省（自治区、直辖市）；中部包括山西、安徽、江西、河南、湖北和湖南等 6 个省（自治区、直辖市）；西部包括内蒙古、广西、重庆、四川、贵州、云南、西藏、陕西、甘肃、青海、宁夏和新疆等 12 个省（自治区、直辖市）；东北包括辽宁、吉林和黑龙江等 3 个省（自治区、直辖市）。

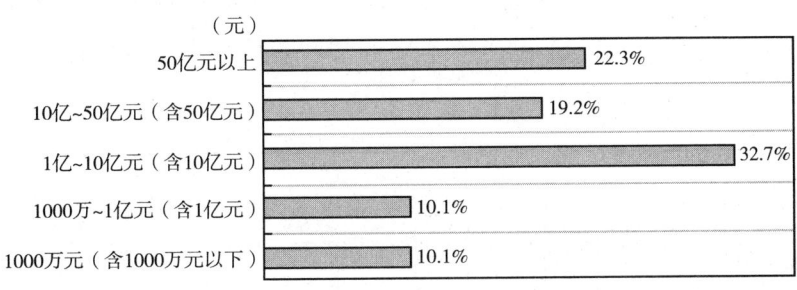

图 A-5 企业规模（营业收入）

（三）问卷填写人员情况

1. 问卷填写人的职务结构

根据企业所处行业和所有制实际情况，问卷详细设计了问卷填写人的职务名称（见图 A-6），其中，29%的问卷填写人为高层管理者（包括企业分管财务的副总经理、首席财务官、总会计师、财务总监、首席会计师），39.3%的问卷填写人为中层管理者（包括计财/财务部正副总经理、财务高级经理和财务经理），31.7%的问卷填写人为基层管理者（包括会计、管理会计、财务分析员、助理会计和非财务工作人员）。中、高层管理者占总样本70%，由于其对企业管理会计实施情况相对全面和深刻的认识，有助于我们更好了解企业管理会计的当前应用现状和分析。

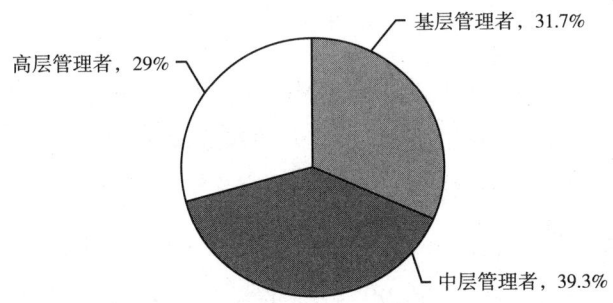

图 A-6 问卷填写人的职务结构

2. 问卷填写人的年龄结构

问卷填写人年龄的大小对于洞察企业管理会计应用有一定影响。一般来说，年龄大，对企业管理会计实践的了解和思考更深入。本次调查问卷填写人的年龄主要集中在三个年龄段（见图 A-7），35~39 岁之间的问卷填写人最多，占总样本 24.2%，30~34 岁和 40~44 岁之间的问卷填写人均占总样本 20% 左右。

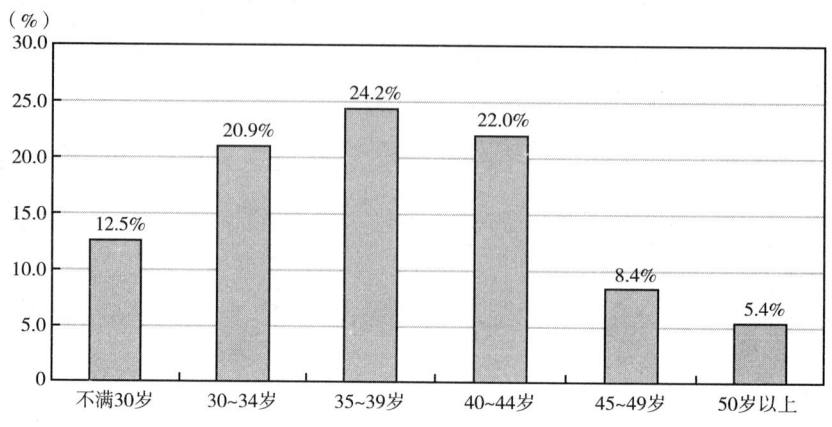

图 A-7　问卷填写人的年龄结构

三、调研结果

（一）管理会计含义与职能

1. 管理会计含义

《指导意见》认为，管理会计是会计的重要分支，主要服务于单位（包括企业和行政事业单位，下同）内部管理需要，是通过利用相关信息，有机融合财务与业务活动，在单位规划、决策、控制和评价等方面发挥重要作用的管理活动。

问卷据此设计了管理会计含义描述的三个选项。此外，还加入了一个学术界关于管理会计本质通常使用的描述作为选项，即管理会计是一种为企业管理提供决策支持和实施控制的系统。

调查问卷结果显示（见图 A-8），受访者对于《指导意见》中管理会计工作的具体描述非常认同，高达 90.22% 的受访者认同"管理会计是通过利用相关信息，有机融合财务与业务活动，在单位规划、决策、控制和评价等方面发挥重要作用的管理活动"；85.14% 的受访者认同学术界的定义描述，即"管理会计是为企业管理提供决策支持和实施控制的系统"，这个比例略低于《指导意见》的具体工作描述。说明相比较学术界本质描述而言，《指导意见》

中管理会计具体工作的表述更明确,在实践中更具有操作性,因而得到更多的认同。

另外,我们在调查中发现,一些受访者不太了解理论研究中会计工作分为财务会计和管理会计两类,二是有些受访者认为如果将管理会计认同是会计的分支,而现有的会计工作实际上主要从事的是财务会计工作,则无法明确管理会计在企业中的属性。厘清管理会计和财务会计的关系,对于实践中管理会计工作的有效应用具有重要的理论指导作用,这启发我们在构建管理会计理论体系时,需要对管理会计的含义、职能和边界进行更加深入的探讨和说明。

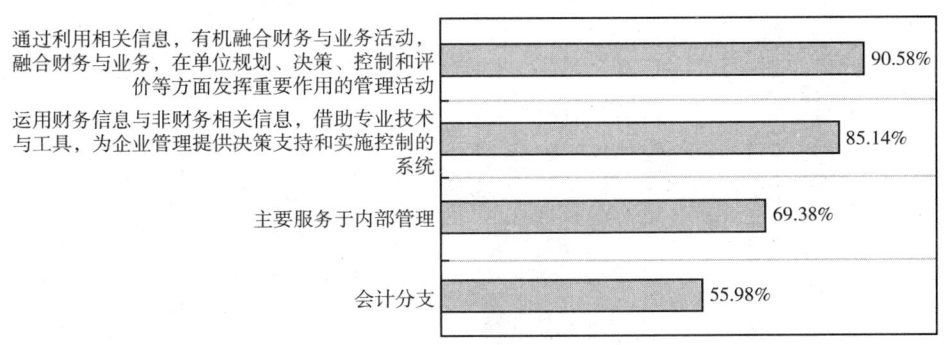

图 A-8 关于管理会计含义的描述

2. 管理会计职能

关于管理会计职能,有很多不同的划分方法。上海国家会计学院与ACCA曾经对管理会计职能进行了调研[①](2013)。为了检验管理会计指导意见稿发布之后企业对管理会计的认识以及实践中应用情况,本问卷采用了与之相似的管理会计职能划分方法。此外,由于"营运管理""纳税筹划""为董事会聘用、激励、考核经理人提供依据和方法"三个内容也是管理会计职能的重要组成部分,因此也列入选项。

首先,我们调查了受访者自身对于管理会计职能的看法。问卷调查结果显示(见图 A-9),受访者都非常认同列示的所有职能,每一项认同比例都在55%以上。其中,"预算管理""财务预测""财务数据分析""成本费用管理""盈利性分析"等五个选项的选中比例均在80%以上;"参与企业财务规划""风险管理""投资项目绩效考核与评价""参与战略制定""运营管理""融资决策"

---

① 中国企业管理会计人才培养模式调研报告(2013)。

"部门绩效考核与评价""资金管理"等8个选项的选中比例均在70%左右;"为董事会聘用、激励和考核经理人提供依据"选项的选中比例均在60%左右;"纳税筹划"选中比例最低,只有55.62%。从调查结果可以看出,受访者对于管理会计应该具备的传统职能和现代管理职能都有较高的认识,这种认识符合当前竞争激烈下市场导向和客户导向的管理模式要求;"纳税筹划"选中比例低的原因主要是因为受访者认为税收筹划专业性相对较强,这项工作应该由专业人员负责,故而没有放入到管理会计职能范围之内。

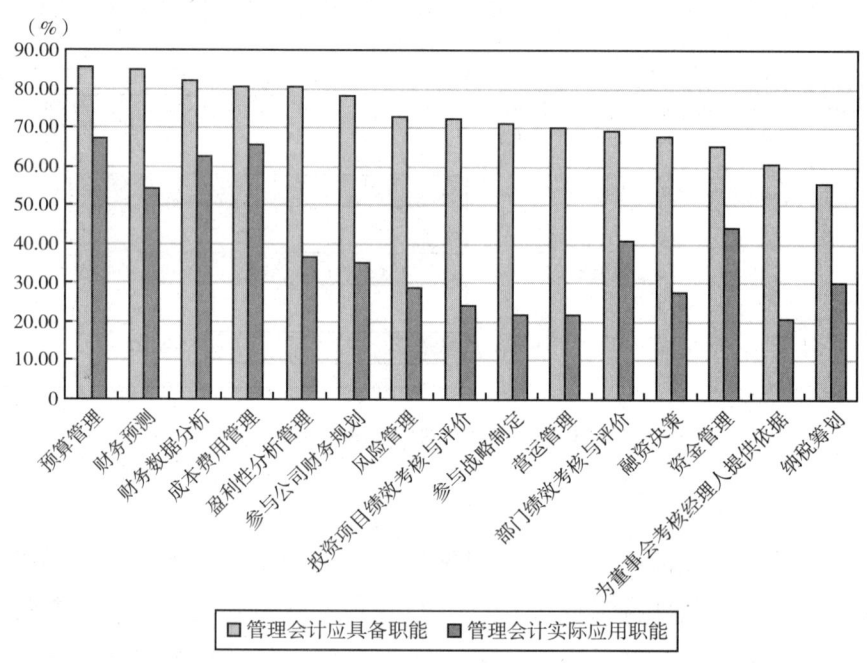

图 A-9 管理会计应具备的职能功能和实际发挥职能的比较

其次,我们调查了管理会计职能在受访者所在企业中实际应用的情况。问卷调查结果显示(见图 A-9),全部选项选中比例都低于认为应该具备的职能的比例。其中,"预算管理""财务数据分析""成本费用管理"三个选项的选中比例为65%左右,与认为应该属于职能的比例差异最小,差异为15%;"财务预测""资金管理"和"部门绩效考核与评价"选中比例为45%左右,这三项与认为应该属于职能的比例差异约为20%;"盈利性分析"和"参与企业财务规划""风险管理""融资决策"和"纳税筹划"等五项的选中比例为30%左右,与认为应该属于职能的比例差异约为40%,"投资项目绩效考核与评价""参与战略制定""营运管理"和"为董事会考核经理人提供依据"等四项的选中比例最低,大约为20%,与认为应该属于职能的比例差异最大,为50%左右。

从以上数据可以看出,在实际工作中,应用更多的管理会计职能是成本费用管理、预算管理、财务数据分析、财务预测、资金管理等传统职能。而在当前激烈竞争环境中发挥决策支持作用的重要管理会计工具,诸如参与战略制定、投资项目绩效考核与评价、盈利性分析、运营管理的应用程度却远远落后于实际需求。这反映出两个问题:一是参与战略制定、参与企业财务规划这些本属于高层财务管理人员的重要职能不能有效地发挥作用。例如很多企业由于战略性投资失误引起企业困境和倒闭,大多是因为高层财务管理人员没有能够参与到战略制定和投资项目绩效考核与评价的过程中,没有能够根据管理会计信息提供决策信息所造成的结果。第二,战略是否能够落地执行的关键,在于企业的运营管理过程中是否能够科学应用管理会计信息,财务人员是否能够有效参与到业务运营管理过程当中,运营管理发挥作用的缺失会严重影响战略的有效实施。而产生这些问题的根源似乎可以从"为董事会考核经理人提供依据"选项的认同和实际之间50%的差异看出,因为管理会计信息为考核经理人绩效提供依据的应用不足,从而影响了对经理人的激励和奖惩,影响了其管理理念和模式。

鉴于此,我们认为,在定位当前的管理会计职能时,首先,一定要强调管理会计信息在经理人绩效评价中的重要作用,使经理人责权利对等;其次,强调依据管理会计信息在战略制定和投资项目绩效考核与评价中的重要决策支持作用,科学制定战略和选择投资项目;最后,强调管理会计信息和财务人员在运营管理中的控制和支持作用,提高业财融合程度,提高经营效率和效益。因此,在未来管理会计指引体系制定和案例总结的过程中,建议更加关注和分析这三个方面的理论和经典案例,以期对当前管理会计工作的重点和难点起到指导和示范作用。

本调研还对企业行业、企业性质、企业上市与否以及企业规模对实际职能的选择进行了分类分析。调查结果如下:

(1) 行业对实际职能的影响。关于"盈利性(产品盈利性、渠道盈利性、客户盈利性)分析管理"选项,制造业的选中比例显著高于采矿业。

关于"纳税筹划"选项,批发和零售业的选中比例显著高于电力、热力、燃气及水生产和供应业。

关于"为董事会聘用、激励、考核经理人提供依据和方法"选项，采矿业的选中比例显著高于制造业和房地产业。

关于"投资项目绩效考核与评价"选项，制造业的选中比例显著高于房地产业。

关于"参与战略制定"选项，制造业的选中比例显著高于房地产业。

(2) 企业性质对实际职能的影响。关于"财务预测"选项，外资企业的选中比例显著高于民营企业。

关于"融资决策"选项，国有控股企业的选中比例显著高于外资企业。

关于"投资项目绩效考核与评价"选项，民营企业的选中比例显著高于中外合资企业（合资企业个数太少，9个）。

(3) 上市与否对实际职能的影响。关于"预算管理""财务数据分析""运营管理（流程再造等）"和"部门绩效考核与评价"等四个选项，上市企业的选中比例显著高于非上市企业。

(4) 企业所在地对职能的影响。关于"纳税筹划"选项，东部地区企业的选中比例显著高于西部地区企业。

(5) 企业规模对实际职能的影响。关于"成本费用管理"选项，营业收入50亿元以上的企业选中比例显著高于1000万元以下的企业。

关于"预算管理""财务预测""财务数据分析"等三个选项，营业收入50亿元以上的企业选中比例显著高于营业收入1000万元到1亿元的企业。

(二) 企业管理会计机构及人员的设置

管理会计要想充分发挥各项职能作用，实现价值创造，必须有足够的有胜任能力的管理会计人员从事各项工作。本次调研关于管理会计机构和人员设置的情况分析如下：

1. 企业管理会计部门设置情况

调查问卷结果显示（见图 A-10），专门设立管理会计部门的企业占 26.63%，没有设立管理会计部门的企业占 73.37%。而外资企业专门设立管理会计部门的比例又略高于内资企业（见图 A-11）。这表明多数企业都没有一个特定的管理会计部门。管理会计工作分散于企业的财务部门及其他部门。

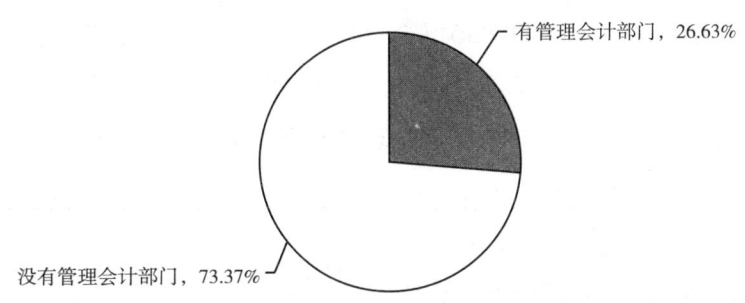

图 A–10 设立管理会计部门的比例

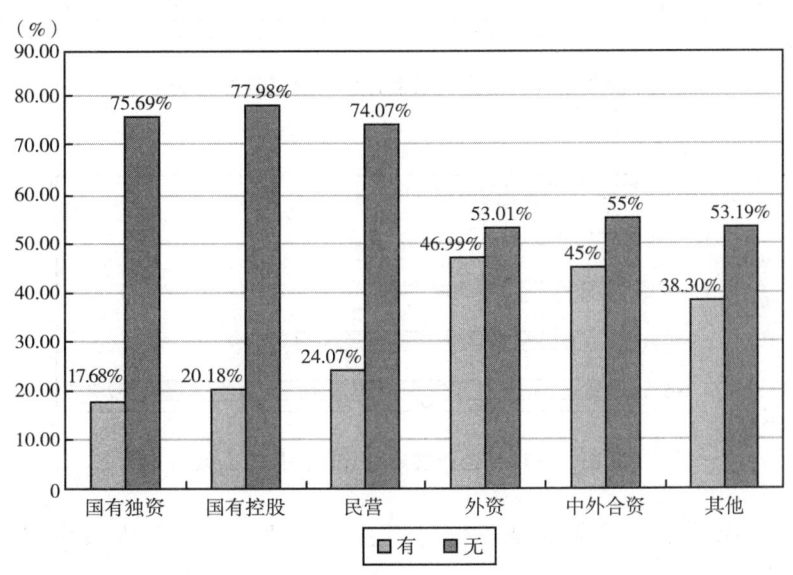

图 A–11 设立管理会计部门的比例

2. 企业管理会计部门隶属领导情况

问卷调查结果表明（见图 A–12），企业管理会计部门绝大多数隶属于总会计师（CFO）领导，占总样本 67.35%；其次隶属于总经理（CEO）领导，占总样本 13.61%；管理会计部门隶属于其他非财务副总及其他领导的比例最低，占总样本 9.52%。可以看出，目前管理会计部门主要还是由企业总会计师（CFO）领导。

3. 企业管理会计部门员工人数

企业管理会计部门员工人数多少可以从一定程度上反映企业对管理会计的重视程度以及管理会计发挥作用的程度。问卷调查结果显示（见图 A–13），选择企业管理会计部门员工人数"1~5 人"的比例最高，为 39.46%，其次是

"6~10人",为 26.53%,"11~15人"和"15~20人"的比例分别为 10.2% 和 6.8%,"21人及以上"占 17.01%。从总体上看,管理会计部门人员处于较少的一种情况,不利于有效实施和推进管理会计各项职能。

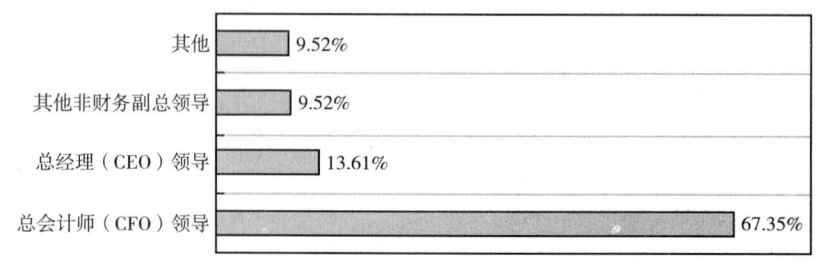

图 A-12 企业管理会计部门隶属领导比例

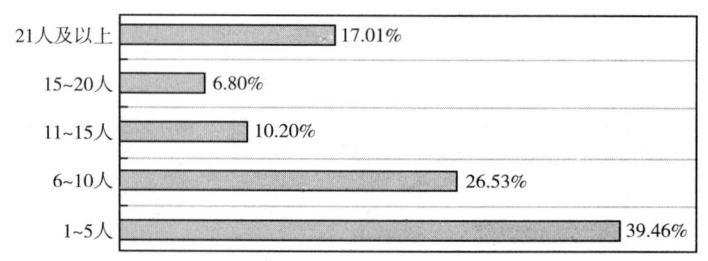

图 A-13 企业管理会计部门员工人数

我们进一步分析了企业性质不同是否会对管理会计部门人员设置产生影响。我们发现,企业性质对于管理部门人数的确存在一定的影响,不同性质的企业管理会计部门人员分布呈现不同特点(见图 A-14)。可以看出,设立管理会计部门的国有独资、国有控股和民营企业中,50% 以上企业管理会计部门人员为 1~5 人;设立管理会计部门的外资企业中,30% 以上企业管理会计部门人数为 20 人以上,管理会计部门人数为 1~5 人的比例只有 15%。可以看出外资企业管理会计部门人数远远多于内资企业。

4. 企业管理会计部门员工人数占全体会计人员的比例

只考虑企业管理会计部门员工人数总量,可能会受到企业规模大小的影响,因此,我们进一步分析了企业管理会计部门员工人数占全体会计人员的比例。问卷调查结果显示(见图 A-15),高达 38.10% 的企业管理会计人员比例小于 10%,21.09% 的企业管理会计人员比例在 10%~20%,17.01% 的企业管理会计人员比例在 20%~30%,比例超过 30% 的企业并不多。管理会计部门员工人数在全体会计人员中的比重不大，可见目前企业对管理会计的认识和重视远远不够，从而可能会直接影响企业的效益。

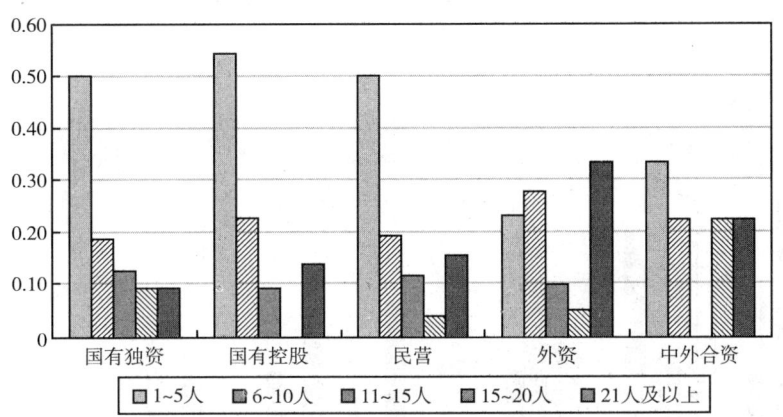

图 A-14　企业管理会计部门员工人数占全体会计人员人数比例

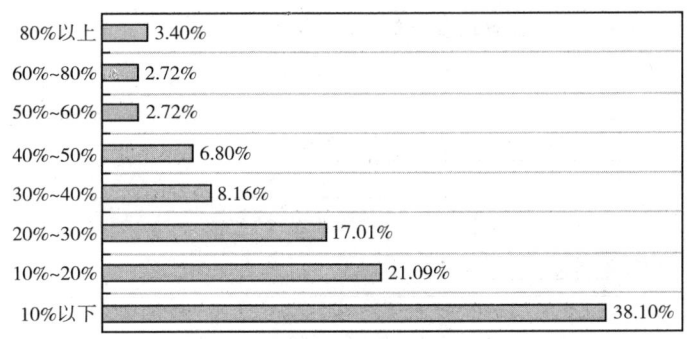

图 A-15　企业管理会计部门员工人数占全体会计人员的比例

我们仍然继续探讨企业性质对于管理会计部门员工人数占全部会计人员人数比例的影响。从图 A-16 可以看出，"小于 10%" 的比例当中，国有独资、国有控股和民营企业这些内资企业占大多数，而在 "10%~20%"，内资企业所占比重大幅下降，再到 "20%~30%" 时，外资企业已经远远超过内资企业了。这在一定程度上说明了外资企业管理会计应用的成熟性。

5. 会计部门战略制定

在当今竞争环境日益激烈、技术变革不断创新的环境下，会计部门在企业中发挥的作用越来越重要，会计部门本身发展战略的制定能够持续有效地支持企业的生存和发展。问卷调查结果显示（见图 A-17），总体来说，超过半数企业（55.94%）尚未制定会计部门的发展战略，仅有29.43%的企业制定了会计部门的发展战略，尚有15.54%的受访者表示不清楚。从调查数据可以看出，目前大部分企业会计部门的发展方向和战略尚不够明确，不能有效服务和支持企业的发展。

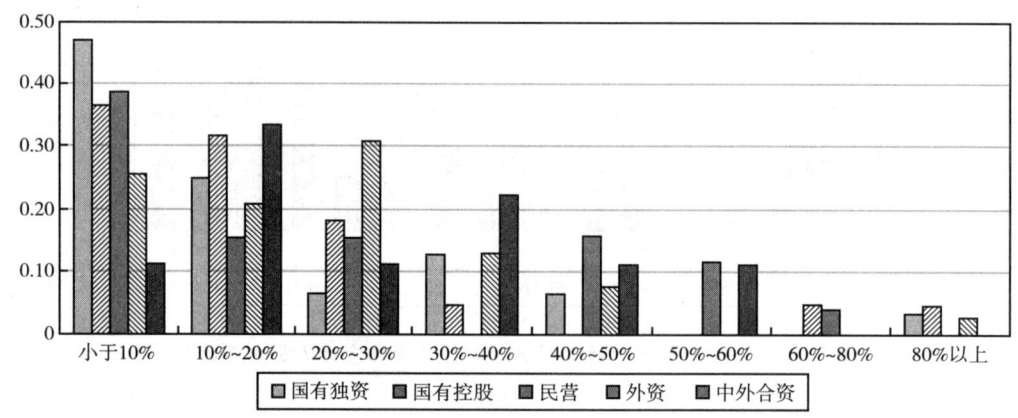

图 A-16　企业管理会计部门员工人数占全体会计人员的比例

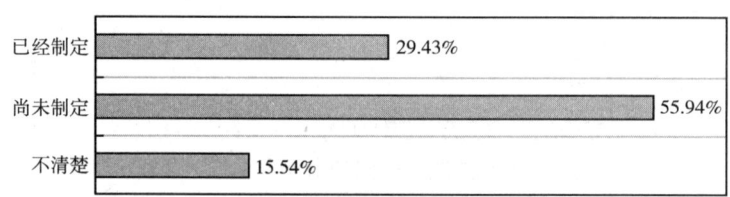

图 A-17　企业制定会计部门发展战略比例

我们进一步分析了企业性质、行业、地区和规模大小对于企业制定会计部门战略是否会有显著影响。问卷调查结果发现，外资企业制定会计部门发展战略的比例显著高于国有独资企业，东部地区企业制定会计部门发展战略的比例显著高于中部企业，营业收入50亿元以上企业制定会计部门发展战略的比例显著高于营业收入1000万~1亿元的企业。这在一定程度上也反映了管理会计水平在不同企业的应用水平。

（三）企业管理会计工具和方法应用调查

1. 成本管理

（1）使用的成本管理方法。问卷调查结果显示（见图 A-18），企业采用最多的两个成本管理方法是目标成本管理和标准成本管理,其中目标成本管理使用比例 50.18%,标准成本管理使用比例 44.57%。其次是持续改进管理、全面质量管理、作业成本管理和战略成本管理,使用比例 25% 左右,最后是标杆管理、流程优化和作业增值管理、生产能力成本管理,使用比例是 10% 左右,使用最少的是准时制管理。

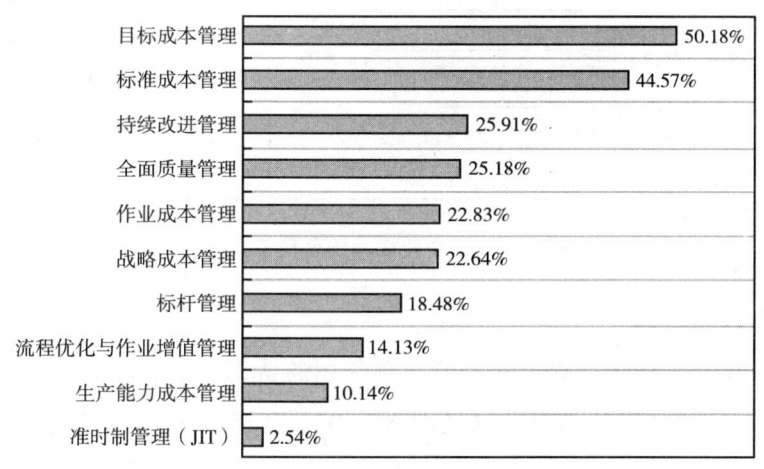

图 A-18　企业使用的成本管理方法

从上述数据可以看出,战略成本管理、流程优化和作业增值管理,以及生产能力成本管理的应用程度相对较少,但这些方法都是发挥管理会计在战略制定和实施作用的重要工具,企业应该进一步加强这些方法的有效使用。

(2) 成本信息的使用。问卷调查结果显示(见图 A-19),高达 69.02% 的公司将成本信息用来编制预算和控制预算,其次是进行业绩评价,占比 57.43%。排名第三的是进行利润规划和定价决策,占比 49.46%。往下依次是存货管理、生产决策与控制、资本预算、激励报酬设定,占比 32% 左右。将成本信息使用到招投标决策、对标管理控制、选择竞争战略最少,占比 20% 左右。

成本信息的使用从一定程度上反映了管理会计应用水平的高低,上述数据说明,大部分企业将成本信息仍用于编制和控制预算、对业绩进行评价、利润规划和定价决策。但是较少用到战略决策、投资项目决策上,这和前面支持战略决策和投资项目评价两项管理会计职能应用程度低的发现一致,企业应该加强成本信息在这些方面的使用。

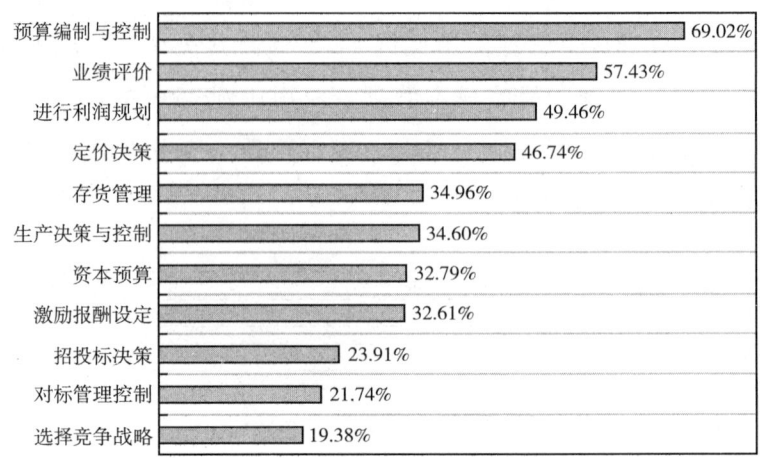

图 A-19 企业成本信息用于领域

2. 企业预算管理

（1）预算管理作用。企业对预算管理作用的认识一定程度上会影响预算管理的实施效果。问卷调查结果显示（见图 A-20），69.57% 的企业认为预算管理的作用是"作为业绩评价的基础，并为奖惩提供依据"，46.38% 的企业认为是"为了落实战略并通过反馈修订战略"，排名第三的是"明确部门工作目标"，占比为 46.01%，排名最后的是"协调企业部门之间的工作"，占比 36.41%。

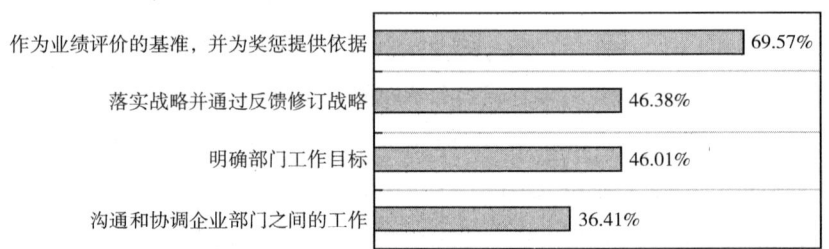

图 A-20 企业对预算管理作用的认识

从数据可以看出，大部分企业都认同预算对业绩评价提供标准的作用，但是仍然有不到一半的企业没有认识到预算是将战略计划落实到实际操作层面的重要工具，而这却是管理会计发挥价值创造的重要保障。同时大部分企业也忽略了预算管理促进企业内部各部门之间沟通和协调的作用。预算是与日常经营管理相渗透的行为规范与标准体系，只有经过预算的综合平衡后才可以使各部门目标与企业总体目标一致，最大限度地实现企业的总目标。

（2）企业使用的预算编制方法。问卷调查结果显示，企业在预算管理中使用的预算编制方法最多的是增量预算，占比42.75%；其次是固定预算，占比35.51%；再次是滚动预算，占比33.88%；复次是零基预算，占比30.25%；最后是弹性预算，占比25.91%（见图A-26）。

从数据可以看出，增量预算和固定预算是企业采用最多的预算编制方法。这两种方法编制相对简单，但是在竞争激烈、经营不确定性大、业务复杂多变的情况下，按照固定预算编制的实际数与预算数就会缺乏可比性，按照增量预算编制的预算数字往往不能真实反映实际需求和费用支出，掩盖了低效率和浪费，不利于企业的发展。滚动预算、零基预算和弹性预算则弥补了上述预算方法的缺陷，能使预算与实际情况更相适应，更有利于充分发挥预算的指导和控制作用。

我们建议企业在选择预算编制方法的时候，一定要根据企业的具体情况，对各个项目采用适当的预算编制方法，才能提高预算管理水平，提高企业效益。

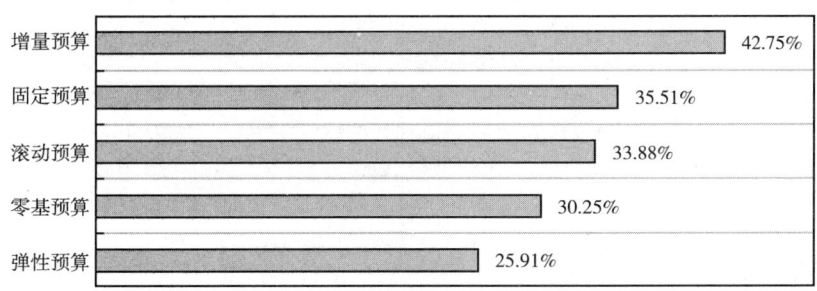

图A-21　企业在预算管理中使用的预算编制方法

（3）企业编制预算的方式。问卷调查结果显示（见图A-22），在企业选择的编制预算方式中，选择最多的是"先自下而上，再自上而下双向并进行多轮谈判"，占比42.56%；其次是"先自上而下，再自下而上双向并进行多轮谈判"，占比25.99%；再次是"自上而下"，占17.89%；最后是"自下而上"，占比11.3%。

我们对不同的预算方式对管理会计发挥作用的大小进行了分析（见图A-23），结果发现，企业采用"先自上而下，再自下而上双向并进行多轮谈判"的方式，管理会计发挥作用得分最高，为3.17分；采用"先自下而上，再自上而下双向并进行多轮谈判"的方式得分排名第二，为3.12分；采用"自上而下"的方式得分（2.87分）又高于采用"自下而上"的方式（2.77）。另外，统计结果还表明，企业采用"先自上而下，再自下而上双向并进行多轮谈判"方式的得分显著高于采用"自上而下"和"自下而上"的方式，而采用"自上而下"的方式，又显著高于"自下而上"的方式。这说明由于多轮谈判模式既能调动下属单位积极性，又能较好地推广管理层的战略意图，所以优于单轮谈判；可能由于预算松弛的问题，自上而下的方式优于自下而上的方式。

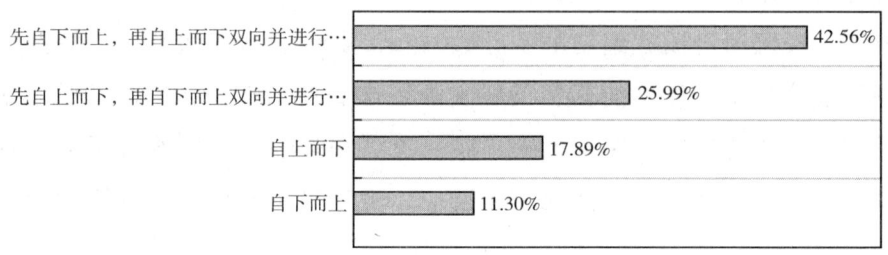

图 A-22 企业编制预算的方式

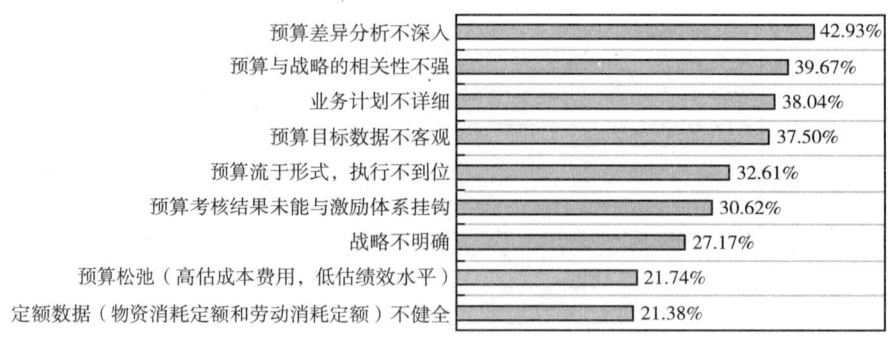

图 A-23 企业在预算管理中遇到的问题

本调查没有发现先自上而下的多轮谈判管理会计作用得分显著高于先自下而上的多轮谈判，这两种方式广泛应用于企业实际工作中，企业可以根据实际情况，选择适合自己企业的方式来编制预算。

（4）企业在预算管理中遇到的问题。问卷调查结果显示（见图 A-23），企业在预算管理中遇到的前四个问题分别是"预算差异分析不深入""预算与战略相关性不强""业务计划不详细""预算目标数据不客观"，占比均为40%左右，"预算流于形式，执行不到位""预算考核结果未能与激励体系挂钩"和"战略不明确"选项占比均为30%，处于排名后两位原因的"预算松弛""定额数据不健全"选项占比均为20%左右。

这说明企业在预算管理中的编制、执行、考核、反馈均存在问题。要想充分发挥预算执行战略的作用，必须科学分析预算差异，而预算差异分析是否有效，则要看业务计划是否详细，业务计划是否根据战略分解，战略是否明确，预算考核是否能够真正激励员工，只有这个闭环管理真正循环起来，预算管理才能真正发挥作用。

3. 盈利能力管理

（1）企业盈利性分析内容。问卷调查结果显示（见图 A-24），"产品盈利性分析"选项最多，占比 73.01%，"客户盈利性分析"选项排名第二，占比 36.96%，"渠道盈利性分析"排名最后，占比 26.45%。

盈利性分析是激烈竞争市场下重要的分析内容，提高盈利能力是企业价值最大化的基础。怎样实现盈利最大化？盈利性分析已经逐渐从传统的产品盈利性分析转向客户和渠道。从问卷调查来看，企业目前还缺乏相应的转变，应该利用更多的信息进行客户和渠道的盈利性分析。

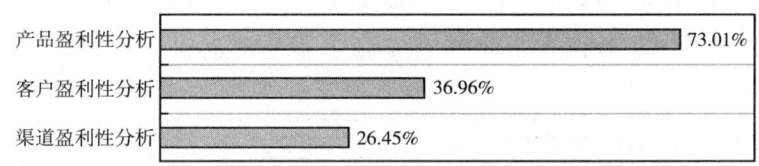

图 A-24 企业盈利能力管理

（2）企业利润规划方法。问卷调查结果显示（见图 A-25），"目标成本法"选项最多，占比 42.57%，；其次是"本量利分析法"选项，占比 36.78%，再次是"成本加成法"，占比 35.33%，最后是"对标法"，占比 15.58%。

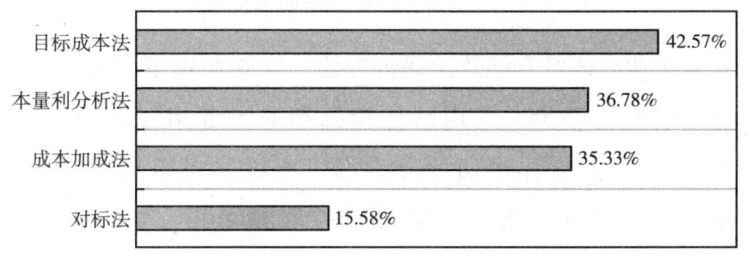

图 A-25 企业利润规划方法

对标法是指企业以行业内或行业外的一流企业作为标杆，从各个方面与标杆企业进行比较、分析、判断，制定利润的一种方法。这种方法是通过学习他人的先进经验来改善自身的不足，从而赶超标杆企业，不断追求优秀业绩的良性循环过程。但这种方法在实际应用中还很少。这几种方法各有使用条件，企业应该综合使用这些方法，帮助企业更好地做出利润规划。

4. 激励机制管理

（1）企业高管激励薪酬的方式。问卷调查结果显示（见图A-26），高管激励薪酬采用的方式中，"年薪制"居首位，占比高达74.82%，"红利计划""递延现金奖金""持股计划""股票期权"等选项比例较低，只有15%左右。

基于高管人员对企业整体经营业绩的重大影响，必然要求从机制设计上将其与一般员工区分开来，即通过推行目标责任制及与之相关的薪酬制度，明确高管人员的目标责任，切实体现高管人员责任、风险与收益对等的基本原则，建立起高管人员个人收入与企业经营成果直接挂钩、动态管理的收入分配机制。年薪制正是契合上述理论适合于高管人员的一种薪酬激励手段，它的优点在于既体现了基于高管人员经营业绩的短期激励（绩效年薪），又突出了针对高管人员长期激励（股权激励）的这一特征。此外，本次问卷调查中，年薪制占比74.82%，部分原因是被调查企业中70%属于非上市企业。

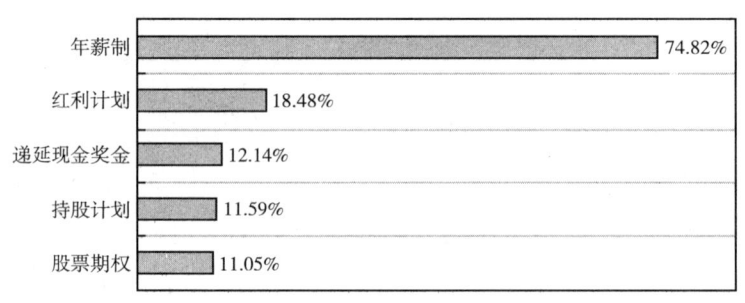

图 A-26　企业高管激励薪酬的方式

（2）企业对企业整体经营绩效的评价方法。问卷调查结果显示（见图A-27），对企业整体经营绩效的评价，采用财务指标和非财务指标综合绩效评价的方法居首位，占比60.51%；采用平衡计分卡四个维度指标（财务指标、客户指标、内部流程指标、学习与成长指标）的评价方法排名第二，占比30.62%，采用"仅包括财务指标的评价方法"排名最后，占比为21.38%。

企业绩效的评价不应只是财务业绩的评价，而应是对企业价值的评价。企业的价值体现：一是当前盈利性（用财务指标计量）；二是盈利能力的可持续性；三是盈利能力的增长潜力。财务性指标可以判定当前的可盈利性，而非财务性指标的重要性在于对盈利的可持续性和增长潜力给出估计依据。财务指标反映的是股东权益最大化的要求，而非财务指标反映了企业长远发展和综合发展的要求。两者的有益结合才是现代企业的业绩评价。

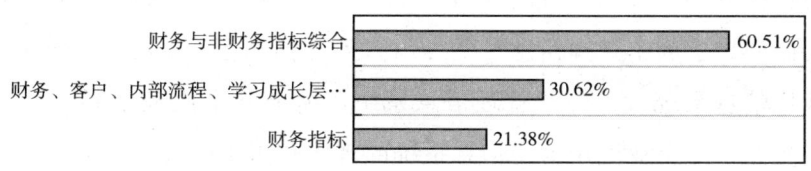

图 A-27 企业对企业整体经营绩效的评价方法

从调查数据可以看出，大部分企业已经采用财务指标与非财务指标相结合的评价方法，而且还有 1/3 的企业明确表示使用了平衡计分卡方法，但是仍然有 20% 的企业只使用了财务指标评价方法。这说明企业仍然需要进一步学习和应用绩效评价的科学理念和方法。

我们对是否仅采用财务指标评价对管理会计效果的影响进行了分析，结果发现，仅采用财务指标进行评价的企业管理会计发挥较好作用的比例显著低于采用财务指标和非财务指标评价的企业比例。

（3）企业绩效评价主要采用的财务指标。问卷调查结果显示，对经营绩效进行评价时，企业最常采用的财务指标依次是净资产回报率（ROE，占 51.09%）、销售（营业）增长率（占 48.55%）、经济增加值（EVA，占 42.03%）、应收账款周转率（占 38.22%）、资产负债率（占 34.42%）、资产回报率（ROA，占 33.88%）、总资产周转率（占 26.63%）及已获利息倍数（占 7.07%，见图 A-32）。

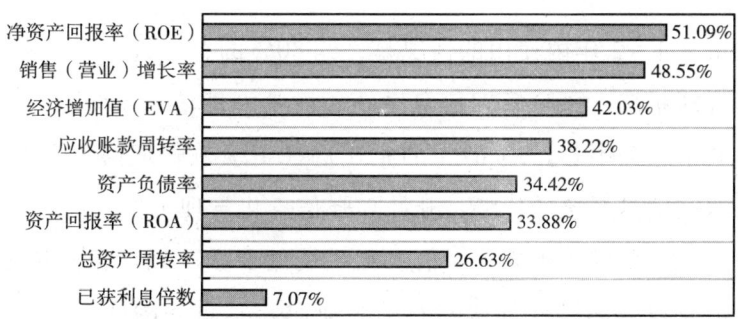

图 A-28 企业经营绩效评价主要采用的财务指标

5. 管理会计信息系统管理

（1）企业管理会计信息系统使用情况。建立管理会计信息系统是《指导意见》的一个重要任务，财政部最近也发文要求企业逐步建立财务共享中心。管理会计信息化成为会计信息化界关注的焦点，而且是管理会计发挥作用的重要支撑。我们列出了成本管理信息系统、预算管理信息系统、绩效管理信息系统、供应链管理信息系统、大资金管理信息系统、财务共享服务中心、风险管理信息系统，研究目前企业应用这些信息系统的现状和水平。

问卷调查结果显示（见图 A-29），使用程度最高的是成本管理系统和绩效管理信息系统，均分为 3.13 分左右，绩效管理信息系统 2.7 分，供应链管理信息系统和大资金管理信息系统均分均为 2.4 分左右，风险管理信息系统和财务共享服务中心均分为 2.1 分左右。

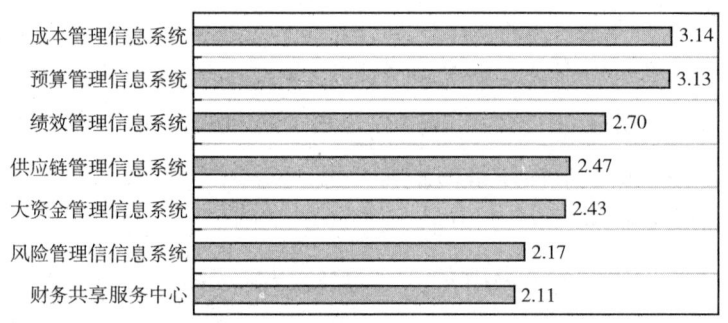

图 A-29　企业管理会计信息系统使用打分

使用时间最长，已达 5 年以上最多的是成本管理系统和预算管理系统，占比约为 25%，使用风险管理信息系统和财务共享中心 5 年以上的企业最少，占比约为 8%。

计划在未来 1~2 年内使用的情况是，约 30% 的企业选择了大资金管理信息系统、预算管理系统、风险管理信息系统、绩效管理信息系统，25.71% 的企业选择了财务共享服务中心，20.87% 的企业选择了绩效管理信息系统。说明企业已经认识到这些信息系统的优势，开始加强信息化管理工作。

企业规模和发展周期不同，对信息化系统的要求不同。但是通过数据显示，我们仍然可以发现，仍然有 20% 左右的企业对非常重要的两个信息化系统成本管理系统和预算管理系统尚未使用，未来 1~2 年内也没有使用计划。

我们对管理会计信息系统对管理会计发挥作用的影响程度做了分析。结果发现，对于六个管理信息系统来说，使用 5 年以上的企业管理会计发挥作用得分都显著高于尚未使用（包括最近 1～2 年内使用和不适用两类）企业的得分，说明管理信息系统的确对管理会计发挥作用有显著影响。我们在以后的指南中需要针对不同行业不同规模研究企业管理会计信息化的战略框架、实现路径和典型案例，以丰富管理会计信息化理论，指导企业管理会计信息化实践。

题目\选项	尚未使用，未来 1～2 年内没有使用计划	尚未使用，预计在未来 1～2 年内使用	已使用 1～2 年	已使用 2～5 年	已使用 5 年以上
成本管理	29（22.14%）	25（19.08%）	22（16.79%）	19（14.5%）	36（27.48%）
预算管理	25（19.38%）	39（30.23%）	22（17.05%）	13（10.08%）	30（23.26%）
绩效管理	35（28.93%）	34（28.1%）	20（16.53%）	11（9.09%）	21（17.36%）
供应链管理	35（30.43%）	24（20.87%）	21（18.26%）	17（14.78%）	18（15.65%）
大资金管理系统	43（37.39%）	36（31.3%）	14（12.17%）	10（8.7%）	12（10.43%）
财务共享服务中心	56（53.33%）	27（25.71%）	9（8.57%）	5（4.76%）	8（7.62%）
风险管理	48（45.28%）	31（29.25%）	12（11.32%）	6（5.66%）	9（8.49%）
其他	30（61.22%）	7（14.29%）	4（8.16%）	2（4.08%）	6（12.24%）

图 A-30　企业管理会计信息系统使用比例

（2）加强面向管理会计的信息系统建设的措施。问卷调查结果显示（见图 A-31），在调查管理会计信息系统建设时，69.75% 的受访者认为需要改造、整合现有管理信息系统（如 ERP、用友系统、金蝶系统、OA 系统等），其次，69.02% 的受访者认为需要将管理会计信息化需求纳入信息化规划，从源头上防止出现"信息孤岛"，再次，64.67% 的受访者认为需要建立财务共享服务中心，加快会计职能从核算到管理决策的转变，最后，48.01% 的受访者认为需要鼓励相关软件企业和中介服务机构拓展管理会计信息化服务领域，提供职业服务。说明改造、整合现有管理信息系统，将管理会计信息化需求纳入信息化规划，从源头上防止出现"信息孤岛"，是建设管理会计信息系统最重要的考虑因素。

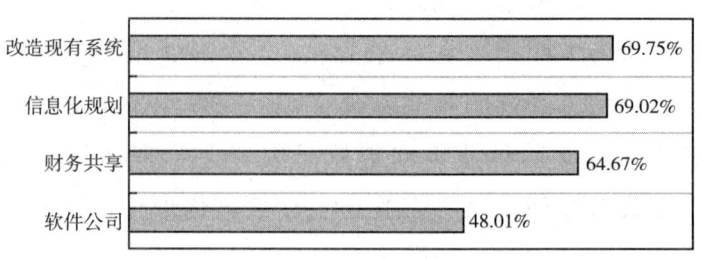

图 A-31 加强面向管理会计的信息系统建设的措施

(四) 企业管理会计实施效果及原因

1. 实施效果 (总体效果及每个职能的效果)

针对管理会计工作总体和具体职能的实施效果调查,采用李克特五分量表法进行衡量,我们用 1 到 5 描述有效性程度的大小,数字越大表示发挥的作用越大,1 代表完全没有发挥作用,2 代表很少发挥作用,3 代表一般,4 代表发挥了较大作用,5 代表发挥了非常重要的作用。

(1) 企业管理会计总体工作是否发挥了作用。问卷调查结果显示,管理会计总体工作发挥作用程度的打分平均值为 3.02 分。其中,近一半的问卷回复者认为企业的管理会计工作发挥作用 "一般",占比 49.82%;认为 "较好发挥" 的占比 25.54%;认为 "很少发挥" 及 "完全没有" 发挥作用的分别占比 18.84%、4.17%;只有 1.63% 的回复者认为企业的管理会计工作发挥作用 "非常好"(见图 A-32)。这说明:总体来说,实际工作中管理会计起到了作用,但作用仍不是很突出,有待进一步提高,这也说明了我们现在推行和实施管理会计体系的必要性和重要性。

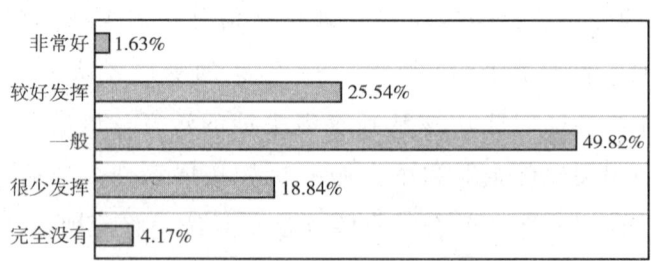

图 A-32 企业管理会计总体工作是否发挥了作用

本次调研还分别对企业地区、企业行业、企业性质、企业上市与否以及企业规模对管理会计总体工作实施效果的影响进行了显著性差异分析。调查结果发现，关于"较好发挥"选项，外资显著高于国有控股企业，金融业显著高于电力、热力、燃气及水生产和供应业，营业收入50亿元以上的企业显著高于营业收入1000万元以下的企业，其他选项没有发现显著性差异。

（2）企业管理会计职能对于实现企业商业目标的有效性。由于管理会计职能包括多个方面，我们还需要继续调查管理会计具体职能对于实现企业商业目标有效性的情况。

问卷调查结果显示（见图A-33），除了"参与战略制定"之外，其他每一项职能对于实现企业商业目标有效性的打分均在3分到4分之间，说明大部分管理会计职能均对实现商业目标起到了一定的作用，但是仍然没有达到发挥较大作用的程度。我们将有效性程度分为四个层次，发挥作用最好的是预算管理、财务数据分析、成本管理和资金管理，这四项打分均为3.65分左右，趋于发挥较好的作用；其次是财务预测和绩效管理，打分为3.40分左右；发挥作用相对较差的是税务管理、风险管理与内部控制、信息系统管理、营运管理，这五项打分均为3.10分左右，发挥作用最差的是"参与战略制定"，打分只有2.97分，说明很少发挥作用。

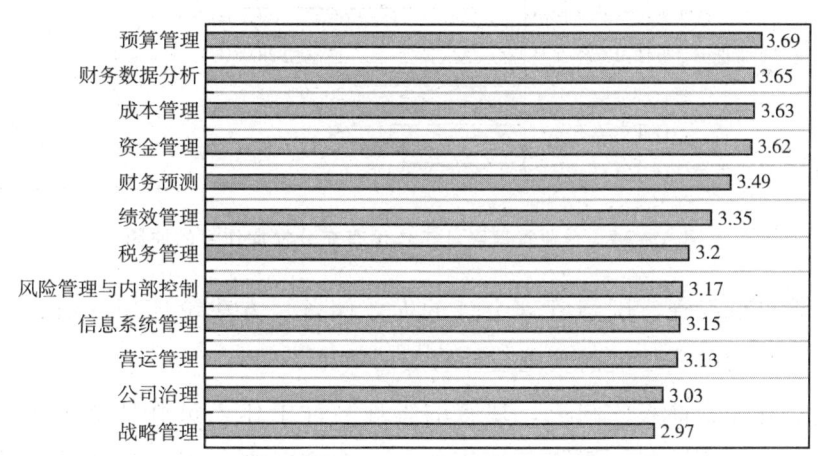

图A-33　企业管理会计职能对于实现企业商业目标的有效性分析

可以看出，相比参与战略制定、税务管理、风险管理与内部控制、信息系统管理、营运管理等管理会计的现代职能来说，仍然是管理会计的传统职能对于实现企业商业目标更有效，发挥的作用更好。

所以，面对国际国内市场竞争日趋激烈，技术环境日新月异，企业生存环境瞬息万变，企业面临的管理危机是，不仅首先要进一步夯实传统管理会计职能发挥的基础作用，而且要迅速提高现代职能的管理水平。

2. 管理会计没有充分发挥作用的原因

问卷调查结果显示（见图 A-34），企业管理会计工作没有充分发挥作用的最主要原因是"管理会计人才缺乏"，占比高达 57%，其次是"单位领导不够重视""缺乏系统完善的管理会计理论指导体系""信息化系统支撑不足""没有单独设置管理会计部门"，这四个选项比例均为 45% 左右，再次是"管理会计人员胜任能力不足""部分管理会计方法实施没有与奖惩挂钩"和"现有的管理会计方法可操作性差"这三个选项，占比均为 30% 左右；"总会计师地位不高""行业竞争不激烈"和"财务会计核算资料不完全"的选项最低，占比 20%以下。

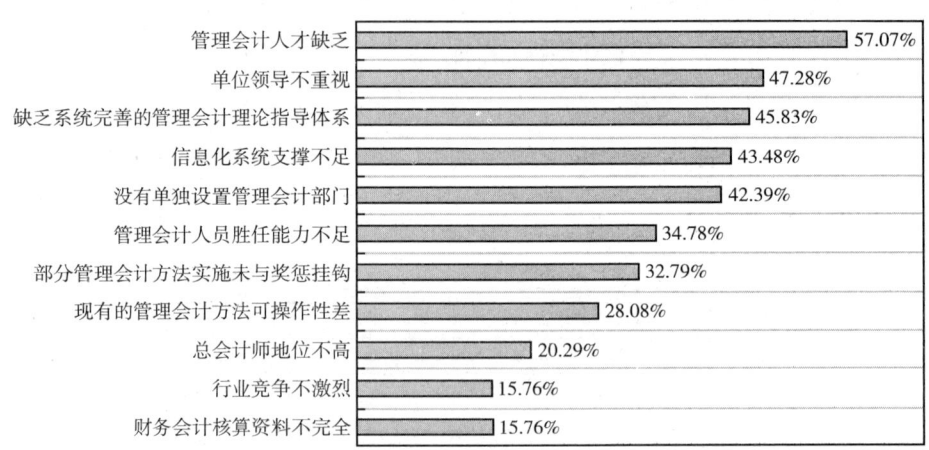

图 A-34　企业管理会计工作没有充分发挥作用的原因

从数据可以发现，围绕管理会计的人才储备、方法论应用、信息系统支撑和文化匮乏制约了我国当前管理会计有效的实施。

首先，管理会计人才缺乏，现有的管理会计工作人员胜任能力不足，这是管理会计发挥作用一般的最主要原因之一。在实践中表现为包括总会计师在内的中高层财务人员缺乏系统的管理会计系统理念和方法工具应用经验。没有深刻的理解和熟练的掌握，就不能实施好管理会计方法。

其次，缺乏管理会计理论和方法指导体系和可操作性。不同企业不同的生命周期阶段管理特点和重点都不一样，管理会计理念和方法怎样应用？如果没有管理会计理论和方法指导体系，就会阻碍其实施。其实根据本调查前面的调查结果，管理会计在我国也有很多好的经验，在前面管理会计应用效果当中，还有28%的企业认为达到了比较好的作用，说明我们没有能够很好地总结经验。今后需要我们将管理会计理论与实践相结合，建立系统性强和可操作性强的管理会计指引体系。

再次，信息化系统支撑不足。犹如发展经济首先要发展交通等基础设施，发挥管理会计的信息决策支持作用同样需要储存和计算信息的基础设施，就是信息系统，否则管理会计数据难以及时准确采集和整合形成有用的信息。

最后，管理会计的文化匮乏是导致管理会计不能发挥作用的根本原因之一。文化有很多描述，领导风格和管理模式也是文化当中的一个内容。领导不重视，直接影响了企业管理工作，当然，管理会计工作也不例外。为什么领导会不重视？一是不懂管理会计，二是知道管理会计，由于其他一些原因没有积极推广管理会计工具的实施。所以要有效推行管理会计，从根本上必须改变和提升领导的理念，如果董事会利用管理会计信息加强对经理人的绩效考核，势必会大大影响经理人的理念。

综上所述，管理会计人才缺乏，管理会计理论和方法缺乏系统性和可操作性，信息系统无法有效支持信息采集和整合，领导不重视的管理文化，是管理会计无法充分发挥作用的重要原因。

（五）企业管理会计工作影响因素调查

1. 外部环境对企业管理会计工作的影响

影响企业管理会计工作的因素有很多，本次调查列举了一些关键的影响因素。让受访者分别用数字1到5对这些因素对管理会计的影响程度打分，1表示"严重负面影响"，2表示"比较大负面影响"，3表示"一般影响"，4表示"比较大正面影响"，5表示"非常正面影响"。

问卷调查结果显示（见图A-35），除"经济增长水平的不稳定"因素得分2.9分外，其他影响因素都在3分以上。其中，"衡量企业价值和进步的指标拓展（财务和非财务指标）"因素3.98分，得分最高，最趋近比较大的正面影响；"投资者的价值投资理念日益增强"和"新商业模式的出现和应用"因素次之，得分3.8分左右，也比较趋近较大的正面影响；"经济业务的复杂性""法律法规的数量和复杂性"和"利益相关者的期望多元化"得分3.4分左右。数据表明,只有经济增长水平的不稳定性对企业应用管理会计来说,是比较大的负面消极影响,其他因素则是趋于积极的正面影响。无论是积极还是消极的影响,企业在建立和实施管理会计过程中,必须重视这些因素。

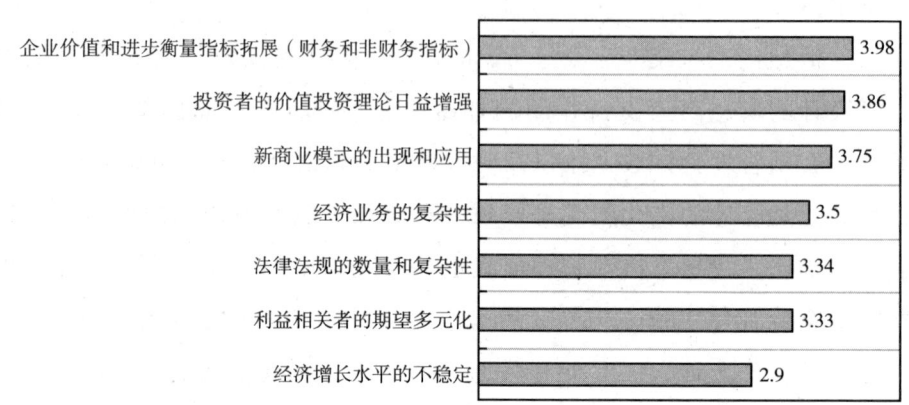

图 A-35　外部环境对企业管理会计工作的影响

目前,世界经济增长速度缓慢,我国也处于三期叠加的经济新常态时期,这将迫使企业不断重新思考、构建自己的战略和经济模型,创建新的商业模式,更加需要管理会计人员利用管理会计信息。

企业价值和进步的衡量指标在不断拓展,越来越受到国家和地区评价指标的影响,以及企业利益相关者关注内容的多元化。国家评价指标不仅包括 GDP、失业率等财务指标,还包括诸如创新、幸福等非财务指标。越来越多的观点认为,跨国企业评价指标应该与国家、地区和城市的评价指标类似,包括诸如员工幸福和环境绩效等非财务指标。企业利益相关者关注内容的广度也日益增加,要求企业更加透明、更为合规,以及具备更高的道德行为,这导致了监管更为严格,企业越来越重视非财务数据,重视综合报告的应用,同时也对企业的治理模式产生了深刻影响,企业必须考虑更多的利益相关者的参与和期望。面对这两种趋势,企业报告应该怎样改进?需要怎样构建评估和测量企业绩效的新模型?为了考虑评价绩效的新模型,管理会计工作程序将怎样改变?这样的改进是否对股东、投资者和顾客等利益相关者更加有吸引力?管理会计人员如何面对这种变革?

为了防止金融崩溃和腐败丑闻,政府提高了关于风险管理报告和运营透明度的监管要求,企业必须遵守越来越多的复杂的法律法规,必须赋予企业内部法律部门和会计部门更大的责任。未来的会计后续教育培训如何适应越来越多的监管监督责任?对管理会计工作的实施和人员知识的要求有什么影响?

总而言之,这些影响因素都对企业价值创造产生影响,什么是企业价值,怎样提高企业价值,管理会计就是要发现规律,总结规律,利用各种工具建立各种模型。只有这样,管理会计工作才能在新的经济环境下提高企业的管理水平,实现企业价值最大的目标。

2. 技术变革对企业管理会计工作的影响

我们认为,在当今新技术革命的情况下,高层会计管理人员对于新技术的认识和应对能力一定程度上决定了企业的生存和发展。ACCA(2014)曾经在世界范围内调查了重塑会计行业和商业模式的十大技术①,这些技术是移动技术、大数据、人工智能和机器人、网络安全、教育技术、云技术、支付系统、虚拟现实与增强现实技术、数字服务交付和社交媒体。本次调研采用相同的问题调查这些技术变革对中国企业的影响。

问卷调查结果显示(见图 A-36),影响度大致可分为四个层级,影响最高的是数据安全、大数据使用和分析,得分约为 3.95 分,影响次之的是移动技术、云计算和云平台,得分 3.80 分左右,影响第三的是支付系统的变化、数字服务,以及教育技术的新趋势和发展,得分 3.67 左右,影响最小的是人工智能、虚拟现实以及社交媒体,得分 3.2 分左右。

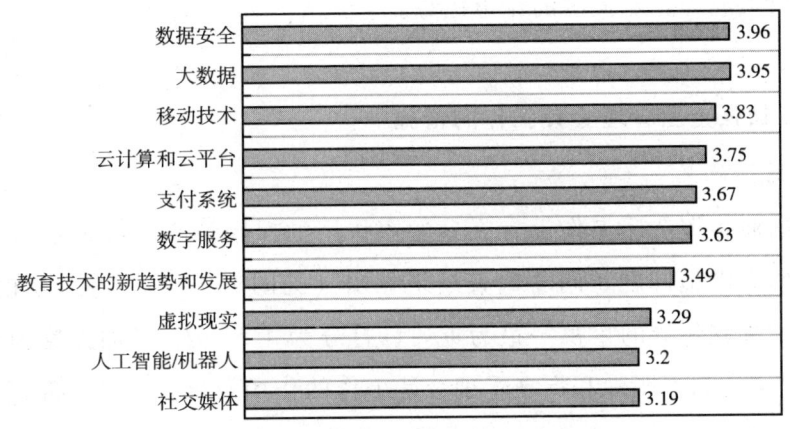

图 A-36 技术变革对管理会计工作的影响

---

① Digital Darwinism: Thriving in the Face of Technology Change (IMA & ACCA) 2014.

快速发展的技术手段将对管理会计的未来发展带来新的冲击和影响。互联网技术的发展将对传统行业带来颠覆性的影响，它将带来一系列的商业模式创新和管理模式变革，同时，也将给管理会计本身包括成本、预算、绩效评价、风险控制带来巨大影响。

基于互联网的大数据时代使集团企业也面临着财务转型升级与管理创新。企业需要寻求利用大数据评估企业业绩、企业风险和投资风险的方法，也需要寻求方法来评估大数据这一企业资产的内在价值。大数据资产管理可为企业提供更为专业化的实时决策支持，通过数据共享创造价值并进行风险管理。我们从没有数据到数据瞬间变化，决策对于数据的依赖将更大。

移动互联网时代已催生全新的财务、管控和平台。移动互联网时代的新财务是财务云服务，新管控是从财务会计到管理会计的转型，新平台以连接、融合与安全为特征。移动网络、云平台、支付系统等，让管理会计实现了网络办公，简化办公流程，让管理会计更为高效。企业如何在云会计环境下构建自身的会计信息系统，以确保企业会计信息的隐私性与安全性，云会计产品供应商通过怎样的技术手段和通用协议，来保障用户的切身利益，日益成为理论界和实务界关注的焦点。

企业要时刻关注技术改革，探究管理会计在新技术水平下的职能提升，培养会计人员解释和分析大数据的数据挖掘能力，让如何管理、储存和使用数据进行科学决策成为企业关键的竞争优势。

（六）加强企业管理会计工作的措施

1. 总体措施

根据前面管理会计工作没有充分发挥作用的原因调查，我们设计了加强管理会计工作的措施问题。问卷调查结果显示（见图 A-37），在列示的措施中，企业认为"加强领导的重视"最为重要，打分为 4.51 分；"加强管理会计人才的培养""制定制度明确和提高管理会计工作的作用及地位""完善管理会计方法的使用流程和制度"和"推进面向管理会计的信息化建设""加强总会计师的管理会计工作职责""建立管理会计理论指导体系"这六个选项重要性次之，打分均在 4 分至 4.2 分之间；"设置管理会计部门"和"与高校和科研机构合作，建立产学研联盟，支持管理会计理论研究和成果转化"两个选项最低，打分 3.7

分，虽然分数最低，但不表示不重要。

在企业中如果领导不重视管理会计职能的发挥，即使员工如何重视、企业如何需要都无济于事，只有让领导重视起来，才能更好地开展管理会计工作。有了领导的支持，才会有大量管理会计人才的需求及培养，之后才是管理会计体系、方法和制度的制定、完善与实施。至于是否需要单独设置管理会计部门，可以根据企业的实际情况，在推行管理会计工作从不成熟到成熟的阶段中或者专门设置，或者不设置，前提是将管理会计职能分散在各个职能岗位中。

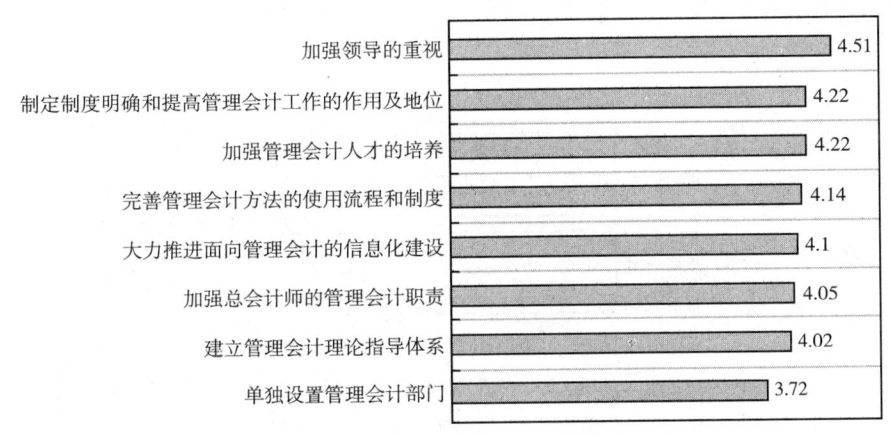

图 A-37 加强企业管理会计工作措施的重要程度

2. 管理会计人才培养措施

（1）管理会计人才的知识领域。在当前瞬息万变的经济环境下，管理会计是衔接企业战略、运营与绩效的桥梁纽带，对企业整体资源整体配置，并进行准确衡量、全程控制和监督，以确保提升企业价值链各个环节的价值，最终提升企业的综合竞争力。这些就要求管理会计人才应该学习的知识领域不只局限于传统的管理会计方法与技术，还需要掌握企业管理、战略管理、财务管理、信息技术和数据分析能力、风险管理、资源管理等领域知识。传统的管理会计方法与技术提供基本理念和方法，企业管理、战略管理、财务管理、信息技术和数据分析能力、风险管理等知识协助管理会计人员完成预测、决策、规划（预算）、控制、评价等作用。只有复合型知识的管理会计人员才能更好地为发挥管理会计的作用。

我们根据管理会计职能设计了相应的管理会计人才应具备的知识领域问题。问卷调查结果显示（见图 A-38），总体来看，列示的知识领域对于培养管理会计人才都具有重要性，打分均在 3.5 分以上。其中，位于知识领域重要性之首的是传统的管理会计方法和财务管理，这两项打分 4.35 分左右，传统成本管理方法主要包括成本管理、预算管理、财务预测、财务数据分析、绩效管理等；其次是企业管理、战略管理、资源管理、风险管理，以及信息技术和数据分析能力，这五项打分在 4.22 分左右；再次是财务会计与税务管理，这两项打分 4 分左右；排在最后的是经济学、组织行为学和法学，这三项打分 3.8 分左右，虽然位于最后，但不代表没有重要性。根据打分的重要性，我们在管理会计人才培训的课程设置中，可以按照这样的重要程度安排不同模块学习时间的长短和学习内容的深度。

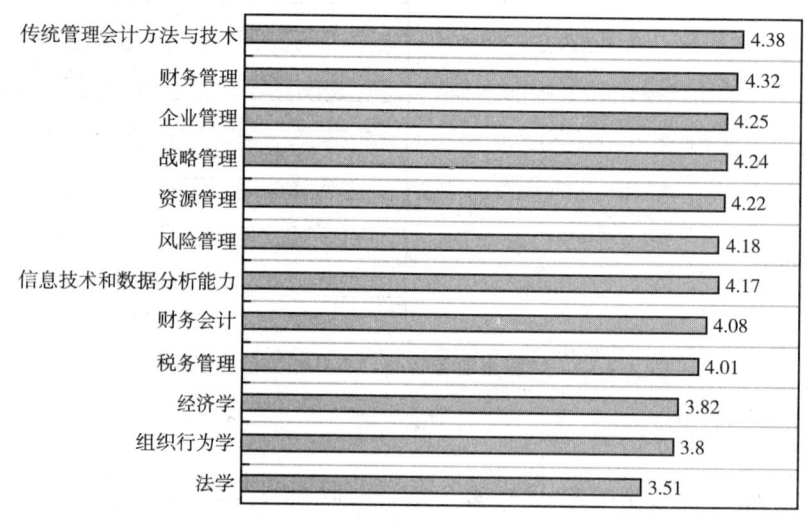

图 A-38　管理会计人才知识领域

（2）政府的人才培养措施。《指导意见》中提出了管理会计人才培养的一些措施，我们对此进行了调查。问卷调查结果显示（见图 A-39），"将管理会计人才能力框架纳入会计人员继续教育、大中型企事业单位总会计师素质提升工程和会计领军人才（后备）培养体系"选项最多，占比 80.07%；其次是"改革我国现有会计专业技术资格考试内容，适当增加管理会计专业知识的比重"，占比 56.52%；再次是"高校与企业合作建立管理会计人才实践培训基地，优化管理会计人才培养模式"，占比 52.9%；"设立中国注册管理会计师资格考试体系，并将资格证书与职业规划、岗位聘用、职务晋升挂钩"占比 50%，最后是加强管理会计国际交流与合作，占比 43.84%。

根据上述调查数据,政府在加强管理会计人才队伍建设时,可以将管理会计人才能力框架纳入会计人员继续教育、大中型企事业单位总会计师素质提升工程和会计领军人才(后备)培养体系作为工作重点,此外,在专门设置管理会计师资格考试不成熟的情况下,在其他会计资格考试中应当适当增加管理会计专业知识的比重。

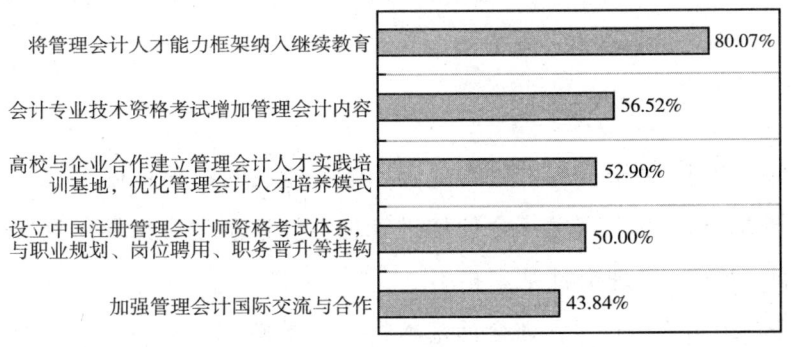

图A-39 政府(包括行业管理)层面加强管理会计人才队伍建设的措施

参考文献

财政部. 2014. 关于全面推进管理会计体系建设的指导意见.

财政部. 2014. 关于《关于全面推进管理会计体系建设指导意见》的解释.

财政部. 2016. 管理会计基本指引.

财政部. 2016. 关于《管理会计基本指引》的解释.

财政部. 2017. 管理会计应用指引.

财政部. 2017. 关于《管理会计应用指引》的解释.

冯红花. 2008. 试论我国管理会计基本概念框架的构建. 财经论坛.

胡玉明. 2001. 21世纪管理会计主题的转变——从企业价值增值到企业核心能力培植.

胡玉明. 2004. 管理会计发展的历史演变. 管理会计.

暨南大学会计系管理会计课题组. 1995. 中国管理会计——透视与展望. 会计研究.

李天民. 1992. 管理会计基本理论问题探讨. 会计研究.

美国管理会计师协会（IMA）. 2013. 管理会计公告. 人民邮电出版社.

孟焰. 1997. 西方现代管理会计的发展及对我国的启示. 北京：经济科学出版社.

潘飞，陈世敏，文东华，王悦. 2010. 中国企业管理会计研究框架. 会计研究.

余绪缨. 1992. 现代管理会计的核心发展. 财会通讯.

余绪缨. 1994. 当代会计学科发展的大趋势. 厦门大学学报.

余绪缨. 2000. 余绪缨学术文集. 辽宁：辽宁人民出版社.

张先治. 2008. 会计目标与管理会计报告系统创新. 上海立信会计学院学报.

AAA Committee. Report of the Committee on Concepts and Standards—Internal

Planning and Control. 1974. *The Accounting Review*.

AAA. 2015. Management Accounting Research: Knowledge Base, Themes, and Future Directions, *Journal of Management. Accounting Research*, Vol. 27, No. 1, pp. 121–122.

AMAC. 1988. Management Accounting Guidelines. Canada.

CGMA. 2014. The Global Management Accounting Principles – Effective management accounting: Improving decisions and building successful organizations.

CIMA&AICPA. 2014. 全球管理会计原则.

Eaton, G. 2005. CIMA Official Terminology. CIMA Publishing.

http://www.accaglobal.com.

http://www.cgma.org.

http://www.cima.cn.

http://www.cimaglobal.com.

http://www.cn.accaglobal.com.

http://www.cncima.com.

http://www.ifac.org.

http://www.imanet.org.

http://www.imanet.org.cn.

https://cpacanada.ca/en.

IFAC. 1989. 管理会计概念公告.

致　　谢

　　本书得到了北京国家会计学院党委书记、院长秦荣生教授的大力支持，在此特别向秦荣生教授表示衷心感谢！本书在编写过程中，得到北京国家会计学院张黎群、周芸、赵小鹿、马永义、杨辉、张玉琳、杨志强、于岩岩、陈志武、聂兴凯、王志成、张静等老师的帮助，在此向各位老师表示衷心感谢！同时，ACCA 的相关专家作为顾问，为本书提供了调查便利和相关资料，并分享了他们的经验，在此向他们表示衷心感谢！